Autores varios

Ley de la propiedad
intelectual española

Barcelona **2024**
Linkgua-ediciones.com

Créditos

Título original: Ley de la propiedad intelectual española.

© 2024, Red ediciones S.L.

e-mail: info@linkgua-ediciones.com

Diseño de cubierta: Michel Mallard.

ISBN tapa dura: 978-84-1126-118-0.
ISBN rústica: 978-84-9953-296-7.
ISBN ebook: 978-84-9953-295-0.

Sumario

Ministerio de cultura

8930. REAL DECRETO LEGISLATIVO 1/1996, de 12 de abril, por el que se aprueba el texto refundido de la Ley de Propiedad Intelectual, regularizando, aclarando y armonizando las disposiciones legales vigentes sobre la materia.

La disposición final segunda de la Ley 27/1995, de 11 de octubre, de incorporación al Derecho Español de la Directiva 93/98/CEE, del Consejo, de 29 de octubre, relativa a la armonización del plazo de protección del derecho de autor y de determinados derechos afines, autorizó al Gobierno para que, antes del 30 de junio de 1996, aprobara un texto que refundiese las disposiciones legales vigentes en materia de propiedad intelectual, regularizando, aclarando y armonizando los textos que hubieran de ser refundidos. El alcance temporal de esta habilitación legislativa es el relativo a las disposiciones legales que se encontrarán vigentes a 30 de junio de 1996. En consecuencia, se ha elaborado un texto refundido que se incorpora como anexo a este Real Decreto Legislativo, y que tiene por objeto dar cumplimiento al mandato legal.

En su virtud, a propuesta de la Ministra de Cultura, de acuerdo con el Consejo de Estado y previa deliberación del Consejo de Ministros en su reunión del día 12 de abril de 1996,
DISPONGO

Artículo único. Objeto de la norma

Se aprueba el texto refundido de la Ley de Propiedad Intelectual, regularizando, aclarando y armonizando las disposiciones legales vigentes sobre la materia, que figura como anexo al presente Real Decreto Legislativo.
Disposición derogatoria única. Derogación normativa.
Quedan derogadas las siguientes Leyes:
Ley 22/1987, de 11 de noviembre, de Propiedad Intelectual.
Ley 20/1992, de 7 de julio, de modificación de la Ley 22/1987, de 11 de noviembre, de Propiedad Intelectual.

Ley 16/1993, de 23 de diciembre, de incorporación al Derecho español de la Directiva 91/250/CEE, de 14 de mayo, sobre la protección jurídica de programas de ordenador.

Ley 43/1994, de 30 de diciembre, de incorporación al Derecho español de la Directiva 92/100/CEE, de 19 de noviembre, sobre derechos de alquiler y préstamo y otros derechos afines a los derechos de autor en el ámbito de la propiedad intelectual.

Ley 27/1995, de 11 de octubre, de incorporación al Derecho español de la Directiva 93/98/CEE, del Consejo, de 29 de octubre, relativa a la armonización del plazo de protección del derecho de autor y de determinados derechos afines.

Ley 28/1995, de 11 de octubre, de incorporación al Derecho español de la Directiva 93/83/CEE, del Consejo, de 27 de septiembre, sobre coordinación de determinadas disposiciones relativas a los derechos de autor y derechos afines a los derechos de autor en el ámbito de la radiodifusión vía satélite y de la distribución por cable.

Disposición final única. Entrada en vigor.
Este Real Decreto Legislativo entrará en vigor el día siguiente al de su publicación en el «Boletín Oficial del Estado».
Dado en Madrid a 12 de abril de 1996. JUAN CARLOS R.
La Ministra de Cultura, CARMEN ALBORCH BATALLER

TEXTO REFUNDIDO DE LA LEY DE PROPIEDAD INTELECTUAL

Libro I. De los derechos de autor

Título I. Disposiciones generales

Artículo 1. Hecho generador
La propiedad intelectual de una obra literaria, artística o científica corresponde al autor por el solo hecho de su creación.

Artículo 2. Contenido

La propiedad intelectual está integrada por derechos de carácter personal y patrimonial, que atribuyen al autor la plena disposición y el derecho exclusivo a la explotación de la obra, sin más limitaciones que las establecidas en la Ley.

Artículo 3. Características

Los derechos de autor son independientes, compatibles y acumulables con:

1.º La propiedad y otros derechos que tengan por objeto la cosa material a la que está incorporada la creación intelectual.

2.º Los derechos de propiedad industrial que puedan existir sobre la obra.

3.º Los otros derechos de propiedad intelectual reconocidos en el Libro II de la presente Ley.

Artículo 4. Divulgación y publicación

A efectos de lo dispuesto en la presente Ley, se entiende por divulgación de una obra toda expresión de la misma que, con el consentimiento del autor, la haga accesible por primera vez al público en cualquier forma; y por publicación, la divulgación que se realice mediante la puesta a disposición del público de un número de ejemplares de la obra que satisfaga razonablemente sus necesidades estimadas de acuerdo con la naturaleza y finalidad de la misma.

Título II. Sujeto, objeto y contenido

Capítulo I. Sujetos

Artículo 5. Autores y otros beneficiarios

Se considera autor a la persona natural que crea alguna obra literaria, artística o científica.

No obstante, de la protección que esta Ley concede al autor se podrán beneficiar personas jurídicas en los casos expresamente previstos en ella.

Artículo 6. Presunción de autoría, obras anónimas o seudónimas

Se presumirá autor, salvo prueba en contrario, a quien aparezca como tal en la obra, mediante su nombre, firma o signo que lo identifique.

Cuando la obra se divulgue en forma anónima o bajo seudónimo o signo, el ejercicio de los derechos de propiedad intelectual corresponderá a la persona natural o jurídica que la saque a la luz con el consentimiento del autor, mientras éste no revele su identidad.

Artículo 7. Obra en colaboración

Los derechos sobre una obra que sea resultado unitario de la colaboración de varios autores corresponden a todos ellos.

Para divulgar y modificar la obra se requiere el consentimiento de todos los coautores. En defecto de acuerdo, el Juez resolverá.

Una vez divulgada la obra, ningún coautor puede rehusar injustificadamente su consentimiento para su explotación en la forma en que se divulgó.

A reserva de lo pactado entre los coautores de la obra en colaboración, éstos podrán explotar separadamente sus aportaciones, salvo que causen perjuicio a la explotación común.

Los derechos de propiedad intelectual sobre una obra en colaboración corresponden a todos los autores en la proporción que ellos determinen. En lo no previsto en esta Ley, se aplicarán a estas obras las reglas establecidas en el Código Civil para la comunidad de bienes.

Artículo 8. Obra colectiva

Se considera obra colectiva la creada por la iniciativa y bajo la coordinación de una persona natural o jurídica que la edita y divulga bajo su nombre y está constituida por la reunión de aportaciones de diferentes autores cuya contribución personal se funde en una creación única y autónoma, para la cual haya sido concebida sin que sea posible atribuir separadamente a cualquiera de ellos un derecho sobre el conjunto de la obra realizada.

Salvo pacto en contrario, los derechos sobre la obra colectiva corresponderán a la persona que la edite y divulgue bajo su nombre.

Artículo 9. Obra compuesta e independiente

Se considerará obra compuesta la obra nueva que incorpore una obra preexistente sin la colaboración del autor de esta última, sin perjuicio de los derechos que a éste correspondan y de su necesaria autorización.

La obra que constituya creación autónoma se considerará independiente, aunque se publique conjuntamente con otras.

Capítulo II. Objeto

Artículo 10. Obras y títulos originales

1. Son objeto de propiedad intelectual todas las creaciones originales literarias, artísticas o científicas expresadas por cualquier medio o soporte, tangible o intangible, actualmente conocido o que se invente en el futuro, comprendiéndose entre ellas:

a) Los libros, folletos, impresos, epistolarios, escritos, discursos y alocuciones, conferencias, informes forenses, explicaciones de cátedra y cualesquiera otras obras de la misma naturaleza.

b) Las composiciones musicales, con o sin letra.

c) Las obras dramáticas y dramático-musicales, las coreográficas, las pantomimas y, en general, las obras teatrales.

d) Las obras cinematográficas y cualesquiera otras obras audiovisuales.

e) Las esculturas y las obras de pintura, dibujo, grabado, litografía y las historietas gráficas, tebeos o comics, así como sus ensayos o bocetos y las demás obras plásticas, sean o no aplicadas.

f) Los proyectos, planos, maquetas y diseños de obras arquitectónicas y de ingeniería.

g) Los gráficos, mapas y diseños relativos a la topografía, la geografía y, en general, a la ciencia.

h) Las obras fotográficas y las expresadas por procedimiento análogo a la fotografía.

i) Los programas de ordenador.

2. El título de una obra, cuando sea original, quedará protegido como parte de ella.

Artículo 11. Obras derivadas
Sin perjuicio de los derechos de autor sobre la obra original, también son objeto de propiedad intelectual:
1.º Las traducciones y adaptaciones 2.º Las revisiones, actualizaciones y anotaciones.
3.º Los compendios, resúmenes y extractos
4.º Los arreglos musicales
5.º Cualesquiera transformaciones de una obra literaria, artística o científica.

Artículo 12. Colecciones Bases de Datos
1. También son objeto de propiedad intelectual en los términos del Libro I de la presente Ley, las colecciones de obras ajenas, de datos o de otros elementos independientes como las antologías y las bases de datos que por la selección o disposición de sus contenidos constituyan creaciones intelectuales, sin perjuicio, en su caso, de los derechos que pudieran subsistir sobre dichos contenidos. La protección reconocida en el presente artículo a estas colecciones se refiere únicamente a su estructura en cuanto forma de expresión de la selección o disposición de sus contenidos, no siendo extensiva a éstos.
2. A efectos de la presente Ley, y sin perjuicio de lo dispuesto en el apartado anterior, se consideran bases de datos las colecciones de obras, de datos, o de otros elementos independientes dispuestos de manera sistemática o metódica y accesibles individualmente por medios electrónicos o de otra forma.
3. La protección reconocida a las bases de datos en virtud del presente artículo no se aplicará a los programas de ordenador utilizados en la fabricación o en el funcionamiento de bases de datos accesibles por medios electrónicos.

Artículo 13. Exclusiones

No son objeto de propiedad intelectual las disposiciones legales o regla-mentarias y sus correspondientes proyectos, las resoluciones de los órganos jurisdiccionales y los actos, acuerdos, deliberaciones y dictá-menes de los organismos públicos, así como las traducciones oficiales de todos los textos anteriores.

Capítulo III. Contenido

Sección 1. DERECHO MORAL

Artículo 14. Contenido y características del derecho moral

Corresponden al autor los siguientes derechos irrenunciables e inaliena-bles:

1.º Decidir si su obra ha de ser divulgada y en qué forma.

2.º Determinar si tal divulgación ha de hacerse con su nombre, bajo seu-dónimo o signo, o anónimamente.

3.º Exigir el reconocimiento de su condición de autor de la obra.

4.º Exigir el respeto a la integridad de la obra e impedir cualquier deforma-ción, modificación, alteración o atentado contra ella que suponga perjuicio a sus legítimos intereses o menoscabo a su reputación.

5.º Modificar la obra respetando los derechos adquiridos por terceros y las exigencias de protección de bienes de interés cultural.

6.º Retirar la obra del comercio, por cambio de sus convicciones intelec-tuales o morales, previa indemnización de daños y perjuicios a los titulares de derechos de explotación.

Si posteriormente, el autor decide reemprender la explotación de su obra deberá ofrecer preferentemente los correspondientes derechos al ante-rior titular de los mismos y en condiciones razonablemente similares a las originarias.

7.º Acceder al ejemplar único o raro de la obra, cuando se halle en poder de otro, a fin de ejercitar el derecho de divulgación

o cualquier otro que le corresponda.

Este derecho no permitirá exigir el desplazamiento de la obra y el acceso a la misma se llevará a efecto en el lugar y forma que ocasionen menos incomodidades al poseedor, al que se indemnizará, en su caso, por los daños y perjuicios que se le irroguen.

Artículo 15. Supuestos de legitimación «mortis causa»

1. Al fallecimiento del autor, el ejercicio de los derechos mencionados en los apartados 31 y 41 del artículo anterior corresponde, sin límite de tiempo, a la persona natural o jurídica a la que el autor se lo haya confiado expresamente por disposición de última voluntad. En su defecto, el ejercicio de estos derechos corresponderá a los herederos.

2. Las mismas personas señaladas en el número anterior y en el mismo orden que en él se indica, podrán ejercer el derecho previsto en el apartado 11 del artículo 14, en relación con la obra no divulgada en vida de su autor y durante un plazo de setenta años desde su muerte o declaración de fallecimiento, sin perjuicio de lo establecido en el artículo 40.

Artículo 16. Sustitución en la legitimación «mortis causa»

Siempre que no existan las personas mencionadas en el artículo anterior, o se ignore su paradero, el Estado, las Comunidades Autónomas, las Corporaciones locales y las instituciones públicas de carácter cultural estarán legitimados para ejercer los derechos previstos en el mismo.

Sección 2. DERECHOS DE EXPLOTACIÓN

Artículo 17. Derecho exclusivo de explotación y sus modalidades

Corresponde al autor el ejercicio exclusivo de los derechos de explotación de su obra en cualquier forma y, en especial, los derechos de reproducción, distribución, comunicación pública y transformación, que no podrán ser realizadas sin su autorización, salvo en los casos previstos en la presente Ley.

Artículo 18. Reproducción

Se entiende por reproducción la fijación de la obra en un medio que permita su comunicación y la obtención de copias de toda o parte de ella.

Artículo 19. Distribución

1. Se entiende por distribución la puesta a disposición del público del original o copias de la obra mediante su venta, alquiler, préstamo o de cualquier otra forma.

2. Cuando la distribución se efectúe mediante venta en el ámbito de la Unión Europea, este derecho se extingue con la primera y, únicamente, respecto a las ventas sucesivas que se realicen en dicho ámbito por el titular del mismo o con su consentimiento.

3. Se entiende por alquiler la puesta a disposición de los originales y copias de una obra para su uso por tiempo limitado y con un beneficio económico o comercial directo o indirecto. Quedan excluidas del concepto de alquiler la puesta a disposición con fines de exposición, de comunicación pública a partir de fonogramas o de grabaciones audiovisuales, incluso de fragmentos de unos y otras, y la que se realice para consulta in situ.

4. Se entiende por préstamo la puesta a disposición de los originales y copias de una obra para su uso por tiempo limitado sin beneficio económico o comercial directo ni indirecto, siempre que dicho préstamo se lleve a cabo a través de establecimientos accesibles al público.

Se entenderá que no existe beneficio económico o comercial directo ni indirecto cuando el préstamo efectuado por un establecimiento accesible al público dé lugar al pago de una cantidad que no exceda de lo necesario para cubrir sus gastos de funcionamiento.

Quedan excluidas del concepto de préstamo las operaciones mencionadas en el párrafo segundo del anterior apartado 3 y las que se efectúen entre establecimientos accesibles al público.

5. Lo dispuesto en este artículo en cuanto al alquiler y al préstamo no se aplicará a los edificios ni a las obras de artes aplicadas.

Artículo 20. Comunicación pública

1. Se entenderá por comunicación pública todo acto por el cual una pluralidad de personas pueda tener acceso a la obra sin previa distribución de ejemplares a cada una de ellas. No se considerará pública la comunicación cuando se celebre dentro de un ámbito estrictamente doméstico que no esté integrado o conectado a una red de difusión de cualquier tipo.

2. Especialmente, son actos de comunicación pública:

a) Las representaciones escénicas, recitaciones, disertaciones y ejecuciones públicas de las obras dramáticas, dramático-musicales, literarias y musicales mediante cualquier medio o procedimiento.

b) La proyección o exhibición pública de las obras cinematográficas y de las demás audiovisuales.

c) La emisión de cualesquiera obras por radiodifusión o por cualquier otro medio que sirva para la difusión inalámbrica de signos, sonidos o imágenes. El concepto de emisión comprende la producción de señales portadoras de programas hacia un satélite, cuando la recepción de las mismas por el pública no es posible sino a través de entidad distinta de la de origen.

d) La radiodifusión o comunicación al público vía satélite de cualesquiera obras, es decir, el acto de introducir, bajo el control y la responsabilidad de la entidad radiodifusora, las señales portadoras de programas, destinadas a la recepción por el público en una cadena ininterrumpida de comunicación que vaya al satélite y desde éste a la tierra. Los procesos técnicos normales relativos a las señales portadoras de programas no se consideran interrupciones de la cadena de comunicación.

Cuando las señales portadoras de programas se emitan de manera codificada existirá comunicación al público vía satélite siempre que se pongan a disposición del público por la entidad radiodifusora o con su consentimiento, medios de des-codificación.

A efectos de lo dispuesto en los dos párrafos anteriores, se entenderá por satélite cualquiera que opere en bandas de frecuencia reservadas por la legislación de telecomunicaciones a la difusión de señales para la recepción por el público o para la comunicación individual no pública, siempre que, en este último caso, las circunstancias en las que se lleve a efecto la recepción individual de las señales sean comparables a las que se aplican en el primer caso.

e) La transmisión de cualesquiera obras al público por hilo, cable, fibra óptica u otro procedimiento análogo, sea o no mediante abono.

f) La retransmisión, por cualquiera de los medios citados en los apartados anteriores y por entidad distinta de la de origen, de la obra radiodifundida. Se entiende por retransmisión por cable la retransmisión simultánea, inalterada e íntegra, por medio de cable o microondas de emisiones o transmisiones iniciales, incluidas las realizadas por satélite, de programas radiodifundidos o televisados destinados a ser recibidos por el público.

g) La emisión o transmisión, en lugar accesible al público, mediante cualquier instrumento idóneo, de la obra radiodifundida.

h) La exposición pública de obras de arte o sus reproducciones.

i) El acceso público en cualquier forma a las obras incorporadas a una base de datos, aunque dicha base de datos no esté protegida por las disposiciones del Libro I de la presente Ley.

j) La realización de cualquiera de los actos anteriores, respecto a una base de datos protegida por el Libro I de la presente Ley.

3. La comunicación al público vía satélite en el territorio de la Unión Europea se regirá por las siguientes disposiciones:

a) La comunicación al público vía satélite se producirá únicamente en el Estado miembro de la Unión Europea en que, bajo el control y responsabilidad de la entidad radiodifusora, las señales portadoras de programas se introduzcan en la cadena ininterrumpida de comunicación a la que se refiere el párrafo d) del apartado 2 de este artículo.

b) Cuando la comunicación al público vía satélite se produzca en el territorio de un Estado no perteneciente a la Unión Europea donde no exista el nivel de protección que para dicho sistema de comunicación al público establece este apartado 3, se tendrá en cuenta lo siguiente:

1.º Si la señal portadora del programa se envía al satélite desde una estación de señal ascendente situada en un Estado miembro se considerará que la comunicación al público vía satélite se ha producido en dicho

Estado miembro. En tal caso, los derechos que se establecen relativos a la radiodifusión vía satélite podrán ejercitarse frente a la persona que opere la estación que emite la señal ascendente.

2.º Si no se utiliza una estación de señal ascendente situada en un Estado miembro pero una entidad de radiodifusión establecida en un Estado miembro ha encargado la emisión vía satélite, se considerará que dicho acto se ha producido en el Estado miembro en el que la entidad de radiodifusión tenga su establecimiento principal. En tal caso, los derechos que se establecen relativos a la radiodifusión vía satélite podrán ejercitarse frente a la entidad de radiodifusión.

4. La retransmisión por cable definida en el párrafo segundo del apartado 2.f) de este artículo, dentro del territorio de la Unión Europea, se regirá por las siguientes disposiciones:

a) La retransmisión en territorio español de emisiones, radiodifusiones vía satélite o transmisiones iniciales de programas procedentes de otros Estados miembros de la Unión Europea se realizará, en lo relativo a los derechos de autor, de acuerdo con lo dispuesto en la presente Ley y con arreglo a lo establecido en los acuerdos contractuales, individuales o colectivos, firmados entre los titulares de derechos y las empresas de retransmisión por cable.

b) El derecho que asiste a los titulares de derechos de autor de autorizar la retransmisión por cable se ejercerá, exclusivamente, a través de una entidad de gestión de derechos de propiedad intelectual.

c) En el caso de titulares que no hubieran encomendado la gestión de sus derechos a una entidad de gestión de derechos de propiedad intelectual, los mismos se harán efectivos a través de la entidad que gestione derechos de la misma categoría.

Cuando existiera más de una entidad de gestión de los derechos de la referida categoría, sus titulares podrán encomendar la gestión de los mismos a cualquiera de las entidades.

Los titulares a que se refiere este párrafo c) gozarán de los derechos y quedarán sujetos a las obligaciones derivadas del acuerdo celebrado entre la empresa de retransmisión por cable y la entidad en la que se considere hayan delegado la gestión de sus derechos, en igualdad de condiciones con los titulares de derechos que hayan encomendado la gestión de los mismos a tal entidad. Asimismo, podrán reclamar a la entidad de gestión a la que se refieren los párrafos anteriores de este párrafo c) sus derechos dentro de los tres años contados a partir de la fecha en que se retransmitió por cable la obra protegida.

d) Cuando el titular de derechos autorice la emisión, radiodifusión vía satélite o transmisión inicial en territorio español de una obra protegida, se presumirá que, consiente en no ejercitar, a titulo individual, sus derechos para, en su caso, la retransmisión por cable de la misma, sino a ejercitarlos con arreglo a lo dispuesto en este apartado 4.

e) Lo dispuesto en los párrafos b), c) y d) de este apartado 4 no se aplicará a los derechos ejercidos por las entidades de radiodifusión respecto de sus propias emisiones, radiodifusiones vía satélite o transmisiones, con independencia de que los referidos derechos sean suyos o les hayan sido transferidos por otros titulares de derechos de autor.

f) Cuando, por falta de acuerdo entre las partes, no se llegue a celebrar un contrato para la autorización de la retransmisión por cable, las partes podrán acceder por vía de mediación, a la Comisión Mediadora y Arbitral de la Propiedad Intelectual.

Será aplicable a la mediación contemplada en el párrafo anterior lo previsto en el artículo 153 de la presente Ley y en el Real Decreto de desarrollo de dicha disposición.

g) Cuando alguna de las partes, en abuso de su posición negociadora, impida la iniciación o prosecución de buena fe de las negociaciones para la autorización de la retransmisión por cable, u obstaculice, sin justificación válida, las negociaciones o la mediación a que se refiere el párrafo anterior, se aplicará lo dispuesto en el Título I, capítulo I, de la Ley 16/1989, de 17 de julio, de Defensa de la Competencia.

Artículo 21. Transformación

1. La transformación de una obra comprende su traducción, adaptación y cualquier otra modificación en su forma de la que se derive una obra diferente.

Cuando se trate de una base de datos a la que hace referencia el artículo 12 de la presente Ley se considerará también transformación, la reordenación de la misma.

2. Los derechos de propiedad intelectual de la obra resultado de la transformación corresponderán al autor de esta última, sin perjuicio del derecho del autor de la obra preexistente de autorizar, durante todo el plazo de protección de sus derechos sobre ésta, la explotación de esos resultados en cualquier forma y en especial mediante su reproducción, distribución, comunicación pública o nueva transformación.

Artículo 22. Colecciones escogidas u obras compuestas

La cesión de los derechos de explotación sobre sus obras no impedirá al autor publicarlas reunidas en colección escogida o completa.

Artículo 23. Independencia de derechos

Los derechos de explotación regulados en esta sección son independientes entre sí.

Sección 3. OTROS DERECHOS

Artículo 24. Derecho de participación

1. Los autores de obras de artes plásticas tendrán derecho a percibir del vendedor una participación en el precio de toda reventa que de las mismas se realice en pública subasta, en establecimiento mercantil, o con la intervención de un comerciante o agente mercantil. Se exceptúan de lo dispuesto en el párrafo anterior las obras de artes aplicadas.

2. La mencionada participación de los autores será del 3 por 100 del precio de la reventa, y nacerá el derecho a percibir aquélla cuando dicho precio sea igual o superior a 300.000 pesetas por obra vendida o conjunto que pueda tener carácter unitario.

3. El derecho establecido en el apartado 1 de este artículo es irrenunciable, se transmitirá únicamente por sucesión «mortis causa» y se extinguirá transcurridos setenta años a contar desde el 1 de enero del año

siguiente a aquel en que se produjo la muerte o la declaración de fallecimiento del autor.

Los subastadores, titulares de establecimientos mercantiles, o agentes mercantiles que hayan intervenido en la reventa deberán notificarla a la entidad de gestión correspondiente o, en su caso, al autor o sus derechohabientes, en el plazo de dos meses, y facilitarán la documentación necesaria para la práctica de la correspondiente liquidación. Asimismo, cuando actúen por cuenta o encargo del vendedor, responderán solidariamente con éste del pago del derecho, a cuyo efecto retendrán del precio la participación que proceda. En todo caso, se considerarán depositarios del importe de dicha participación.

La acción para hacer efectivo el derecho ante los mencionados subastadores, titulares de establecimientos mercantiles, comerciantes y agentes, prescribirá a los tres años de la notificación de la reventa. Transcurrido dicho plazo sin que el importe de la participación del autor hubiera sido objeto de reclamación, se procederá al ingreso del mismo en el Fondo de Ayuda a las Bellas Artes, que reglamentariamente se establezca y regule.

Artículo 25. Derecho de remuneración por copia privada

1. La reproducción realizada exclusivamente para uso privado, conforme a lo autorizado en el apartado 2 del artículo 31 de esta Ley, mediante aparatos o instrumentos técnicos no tipográficos, de obras divulgadas en forma de libros o publicaciones que a estos efectos se asimilen reglamentariamente, así como de fonogramas, videogramas o de otros soportes sonoros, visuales o audiovisuales, originará una remuneración equitativa y única por cada una de las tres modalidades de reproducción mencionadas, en favor de las personas que se expresan en el párrafo b) del apartado 4 del presente artículo, dirigida a compensar los derechos de propiedad intelectual que se dejaran de percibir por razón de la expresada reproducción. Este derecho será irrenunciable para los autores y los artistas, intérpretes o ejecutantes.

Esa remuneración se determinará para cada modalidad en función de los equipos, aparatos y materiales idóneos para realizar dicha reproducción, fabricados en territorio español o adquiridos fuera del mismo para su distribución comercial o utilización dentro de dicho territorio.

Lo dispuesto en los apartados anteriores no será de aplicación a los programas de ordenador.

En relación con la obligación legal a que se refiere el apartado 1 del presente artículo serán:

a) Deudores: los fabricantes en España, así como los adquirientes fuera del territorio español, para su distribución comercial o utilización dentro d éste, de equipos, aparatos y materiales que permitan alguna de las modalidades de reproducción previstas en el apartado 1 de este artículo.

Los distribuidores, mayoristas y minoristas, sucesivos adquirientes de los mencionados equipos, aparatos y materiales, responderán del pago de la remuneración solidariamente con los deudores que se los hubieren suministrados, salvo que acrediten haber satisfecho efectivamente a éstos la remuneración y sin perjuicio de lo que se dispone en los apartados 13, 14 y 19 del presente artículo.

b) Acreedores: los autores de las obras explotadas públicamente en alguna de las formas mencionadas en el apartado 1 de este artículo, juntamente en sus respectivos casos y modalidades de reproducción, con los editores, los productores de fonogramas y videogramas y los artistas intérpretes o ejecutantes cuyas actuaciones hayan sido fijadas en dichos fonogramas y videogramas.

5. El importe de la remuneración que deberá satisfacer cada deudor será el resultante de la aplicación de las siguientes cantidades:

a) Equipos o aparatos de reproducción de libros.

1.º 7.500 pesetas por equipo o aparato con capacidad de copia de hasta nueve copias por minuto.

2.º 22.500 pesetas por equipo o aparato con capacidad de copia desde 10 hasta 29 copias por minuto.

3.º 30.000 pesetas por equipo o aparato con capacidad de copia desde 30 hasta 49 copias por minuto.

4.º 37.000 pesetas por equipo o aparato con capacidad de copia desde 50 copias por minuto en adelante.

b) Equipos o aparatos de reproducción de fonogramas: 100 pesetas por unidad de grabación.

c) Equipos o aparatos de reproducción de videogramas: 1.100 pesetas por unidad de grabación.

d) Materiales de reproducción sonora: 30 pesetas por hora de grabación o 0,50 pesetas por minuto de grabación.

e) Materiales de reproducción visual o audiovisual: 50 pesetas por hora de grabación o 0,833 pesetas por minuto de grabación.

6. Quedan exceptuados del pago de la remuneración:

a) Los productores de fonogramas o de videogramas y las entidades de radiodifusión, por los equipos, aparatos o materiales destinados al uso de su actividad siempre que cuenten con la preceptiva autorización para llevar a efecto la correspondiente reproducción de obras, prestaciones artísticas, fonogramas o videogramas, según proceda, en el ejercicio de tal actividad, lo que deberán acreditar a los deudores y, en su caso, a sus responsables solidarios, mediante certificación de la entidad o entidades de gestión correspondientes, en el supuesto de adquirir los equipos, aparatos o materiales dentro del territorio español.

b) Las personas naturales que adquieran fuera del territorio español los referidos equipos, aparatos y materiales en régimen de viajeros y en una cantidad tal que permita presumir razonablemente que los destinarán al uso privado en dicho territorio.

7. El derecho de remuneración a que se refiere el apartado 1 del presente artículo se hará efectivo a través de las entidades de gestión de los derechos de propiedad intelectual.

8. Cuando concurran varias entidades de gestión en la administración de una misma modalidad de remuneración, éstas podrán actuar frente a los deudores en todo lo relativo a la percepción del derecho en juicio y fuera de él, conjuntamente y bajo una sola representación, siendo de aplicación a las relaciones entre dichas entidades las normas que rigen la comunidad de bienes. Asimismo, en este caso, las entidades de gestión podrán aso-

ciarse y constituir, conforme a la legalidad vigente, una persona jurídica a los fines expresados.

9. Las entidades de gestión de los acreedores comunicarán al Ministerio de Cultura el nombre o denominación y el domicilio de la representación única o de la asociación que, en su caso, hubieren constituido. En este último caso, presentarán además la documentación acreditativa de la constitución de dicha asociación de dicha asociación, con una relación individualizada de sus entidades miembros, en la que se indique el nombre y domicilio de las mismas. Lo dispuesto en el párrafo anterior será de aplicación a cualquier cambio en la persona de la representación única o de la asociación constituida, en sus domicilios y en el número y calidad de las entidades de gestión, representadas o asociadas, así como en el supuesto de modificación de los Estatutos de la asociación.

10. El Ministerio de Cultura ejercerá el control de la entidad o entidades de

gestión o, en su caso, de la representación
o asociación gestora de la percepción del derecho, en los términos previstos en el artículo 159 de la Ley, y publicará, en su caso, en el «Boletín Oficial del Estado» una relación de las entidades representantes o asociaciones gestoras con indicación de sus domicilios, de la respectiva modalidad de la remuneración en la que operen y de las entidades de gestión representadas o asociadas. Esta publicación se efectuará siempre que se produzca una modificación en los datos reseñados.

A los efectos previstos en el artículo 159 de la Ley, la entidad o entidades de gestión o, en su caso, la representación o asociación gestora que hubieren constituido estarán obligadas a presentar al Ministerio de Cultura, los días 30 de junio y 31 de diciembre de cada año, relación pormenorizada de las declaraciones-liquidaciones así como de los pagos efectuados a que se refiere el apartado 12 de este artículo, correspondientes al semestre natural anterior.

11. La obligación de pago de la remuneración nacerá en los siguientes supuestos:

a) Para los fabricantes y para los adquirentes de equipos, aparatos y materiales fuera del territorio español con destino a su distribución comercial en el mismo, en el momento en que se produzca por parte del deudor la transmisión de la propiedad o, en su caso, la cesión del uso

o disfrute de cualquiera de aquéllos.

b) Para los adquirentes de equipos, aparatos y materiales fuera del territorio español con destino a su utilización dentro de dicho territorio, desde el momento de su adquisición.

12. Los deudores mencionados en el párrafo a) del apartado 11 de este artículo presentarán a la entidad o entidades de gestión correspondientes o, en su caso, a la representación o asociación mencionadas en los apartados 7 a 10, ambos inclusive, del mismo, dentro de los treinta días siguientes a la finalización de cada trimestre natural, una declaración-liquidación en la que se indicarán las unidades y características técnicas, según se especifica en el apartado 5 de este artículo, de los equipos, aparatos y materiales respecto de los cuales haya nacido la obligación de pago de la remuneración durante dicho trimestre. Con el mismo detalle, deducirán las cantidades correspondientes a los equipos, aparatos y materiales destinados fuera del territorio español y las correspondientes a los exceptuados en virtud de lo establecido en el apartado 6 de este artículo.

Los deudores aludidos en el párrafo b) del apartado 11 del presente artículo harán la presentación de la declaración-liquidación expresada en el párrafo anterior dentro de los cinco días siguientes al nacimiento de la obligación.

Los distribuidores, mayoristas, minoristas a que se refiere el segundo párrafo del apartado 4a) de este artículo deberán cumplir la obligación prevista en el párrafo primero del apartado 12 del presente artículo respecto de los equipos, aparatos y materiales adquiridos por ellos en territorio español, de deudores que no les hayan repercutido y hecho constar en factura la correspondiente remuneración.

El pago de la remuneración se llevará a cabo, salvo pacto en contrario:

a) Por los deudores mencionados en el párrafo a) del apartado 11, dentro del mes siguiente a la fecha de finalización del plazo de presentación de la declaración-liquidación a que se refiere el párrafo primero del apartado 12.

b) Por los demás deudores y por los distribuidores, mayoristas y minoristas, en relación con los equipos, aparatos y materiales a que se refiere el apartado 13 de este artículo, en el momento de la presentación de la declaración-liquidación, sin perjuicio de lo dispuesto en el apartado 19 del mismo.

15. Los deudores y, en su caso, los responsables solidarios se considerarán depositarios de la remuneración devengada hasta el efectivo pago de la misma conforme establece el apartado 14 anterior.

A efectos de control de pago de la remuneración, los deudores mencionados en el párrafo a) del apartado 11 de este artículo deberán figurar separadamente en sus facturas el importe de aquélla, del que harán repercusión a sus clientes y retendrán, para su entrega conforme a lo establecido en el apartado 14.

Las obligaciones relativas a las facturas y a la repercusión de la remuneración a los clientes, establecidas en el apartado anterior, alcanzarán a los distribuidores, mayoristas y minoristas, responsables solidarios de los deudores. También deberán cumplir las obligaciones de retener y entregar previstas en dicho apartado, en el supuesto contemplado en el apartado 13.

En ningún caso, los distribuidores, mayoristas y minoristas, responsables solidarios de los deudores, aceptarán de sus respectivos proveedores el suministro de equipos, aparatos y materiales sometidos a la remuneración si no vienen facturados conforme a lo dispuesto en los apartados 16 y 17 del presente artículo.

Sin perjuicio de lo dispuesto en el apartado anterior, cuando el importe de la remuneración no conste en factura, se presumirá, salvo prueba en contrario, que la remuneración devengada por los equipos, aparatos y materiales que comprenda, no ha sido satisfecha.

En el supuesto indicado en el apartado que antecede y en cualquier otro de impago de la remuneración, la entidad

o entidades de gestión o, en su caso, la representación o asociación gestora, sin perjuicio de las acciones civiles y penales que les asistan, podrán solicitar del tribunal la adopción de las medidas cautelares procedentes conforme a lo dispuesto en la Ley de Enjuiciamiento Civil y, en concreto, el embargo de los correspondientes equipos, aparatos y materiales. Los bienes así embargados quedarán afectos al pago de la remuneración reclamada y a la oportuna indemnización de daños y perjuicios.(Según la redacción dada por la Disposición final segunda de la Ley 1/2000, de 7 de enero, de Enjuiciamiento Civil.)

Los deudores y sus responsables solidarios permitirán a la entidad o entidades de gestión, o, en su caso, a la representación o asociación gestora, el control de las operaciones sometidas a la remuneración y de las afectadas por las obligaciones establecidas en los apartados 12 a 20, ambos inclusive, del presente artículo. En consecuencia, facilitarán los datos y documentación necesarios para comprobar el efectivo cumplimiento de dichas obligaciones y, en especial, la exactitud de las declaraciones-liquidaciones presentadas.

La entidad o entidades de gestión o, en su caso, la representación o asociación gestora, y las propias entidades representadas o asociadas, deberán respetar los principios de confidencialidad o intimidad mercantil en relación con cualquier información que conozcan en el ejercicio de las facultades previstas en el apartado 21.

El Gobierno establecerá reglamentariamente los tipos de reproducciones que no deben considerarse para uso privado a los efectos de lo dispuesto en este artículo; los equipos, aparatos y materiales exceptuados del pago de la remuneración, atendiendo a la peculiaridad del uso o explotación a que se destinen, así como a las exigencias que puedan derivarse de la evolución tecnológica y del correspondiente sector del mercado; la distribución de la remuneración en cada una de dichas modalidades entre las categorías de acreedores, a fin de que los distribuyan, a su vez, entre éstos, ajustándose a lo dispuesto en el artículo 154 de la presente Ley.

Título III. Duración y límites y salvaguardia de otras disposiciones legales

Capítulo I. Duración

Artículo 26. Duración y computo

Los derechos de explotación de la obra durarán toda la vida del autor y setenta años después de su muerte o declaración de fallecimiento.

Artículo 27. Duración y computo en obras póstumas, seudónimas y anónimas

1. Los derechos de explotación de la obras anónimas o seudónimas a las que se refiere el artículo 6 durarán setenta años desde su divulgación lícita. Cuando antes de cumplirse este plazo fuera conocido el autor, bien porque el seudónimo que ha adoptado no deje dudas sobre su identidad, bien porque el mismo autor la revele, será de aplicación lo dispuesto en el artículo precedente.

2. Los derechos de explotación de las obras que no hayan sido divulgadas lícitamente durarán setenta años desde la creación de éstas, cuando el plazo de protección no sea computado a partir de la muerte o declaración del fallecimiento del autor o autores.

Artículo 28. Duración y computo de las obras en colaboración y colectivas

Los derechos de explotación de las obras en colaboración definidas en el artículo 7, comprendidas las obras cinematográficas y audiovisuales, durarán toda la vida de los coautores y setenta años desde la muerte o declaración de fallecimiento del último coautor superviviente.

Los derechos de explotación sobre las obras colectivas definidas en el artículo 8 de esta Ley durarán setenta años desde la divulgación lícita de la obra protegida. No obstante, si las personas naturales que hayan creado la obra son identificadas como autores en las versiones de la misma que se hagan accesibles al público, se estará a lo dispuesto en los artículos 26 o

28.1 según proceda.

Lo dispuesto en el párrafo anterior se entenderá sin perjuicio de los derechos de los autores identificados cuyas aportaciones identificables estén contenidas en dichas obras, a las cuales se aplicarán el artículo 26 y el apartado 1 de este artículo, según proceda.

Artículo 29. Obras publicadas por partes

En el caso de obras divulgadas por partes, volúmenes, entregas o fascículos, que no sean independientes y cuyo plazo de protección comience a transcurrir cuando la obra haya sido divulgada de forma lícita, dicho plazo se computará por separado para cada elemento.

Artículo 30. Cómputo de plazo de protección

Los plazos de protección establecidos en esta Ley se computarán desde el día 1 de enero del año siguiente al de la muerte
o declaración de fallecimiento del autor o al de la divulgación lícita de la obra, según proceda.

Capítulo II. Límites

Artículo 31. Reproducción sin autorización

1. Las obras ya divulgadas podrán reproducirse sin autorización del autor y sin perjuicio en lo pertinente, de lo dispuesto en el artículo 34 de esta Ley, en los siguientes casos:
1.º Como consecuencia o para constancia en un procedimiento judicial o administrativo.
2.º Para uso privado del copista, sin perjuicio de lo dispuesto en los artículos 25 y 99 a) de esta Ley, y siempre que la copia no sea objeto de utilización colectiva ni lucrativa.
3.º Para uso privado de invidentes, siempre que la reproducción se efectúe mediante el sistema Braille u otro procedimiento específico y que las copias no sean objeto de utilización lucrativa.

Artículo 32. Citas y reseñas

Es lícita la inclusión en una obra propia de fragmentos de otras ajenas de naturaleza escrita, sonora o audiovisual, así como la de obras aisladas de carácter plástico, fotográfico figurativo o análogo, siempre que se trate de obras ya divulgadas y su inclusión se realice a título de cita

o para su análisis, comentario o juicio crítico. Tal utilización solo podrá realizarse con fines docentes o de investigación, en la medida justificada por el fin de esa incorporación e indicando la fuente y el nombre del autor de la obra utilizada.

Las recopilaciones periódicas efectuadas en forma de reseñas o revistas de prensa tendrán la consideración de citas.

Artículo 33. Trabajos sobre temas de actualidad

1. Los trabajos y artículos sobre temas de actualidad difundidos por los medios de comunicación social podrán ser reproducidos, distribuidos y comunicados públicamente por cualesquiera otros de la misma clase, citando la fuente y el autor si el trabajo apareció con firma y siempre que no se hubiese hecho constar en origen la reserva de derechos. Todo ello sin perjuicio del derecho del autor a percibir la remuneración acordada o, en defecto de acuerdo, la que se estime equitativa. Cuando se trate de colaboraciones literarias será necesaria, en todo caso, la oportuna autorización del autor.

2. Igualmente, se podrán reproducir, distribuir y comunicar las conferencias, alocuciones, informes ante los Tribunales y otras obras del mismo carácter que se hayan pronunciado en público, siempre que esas utilizaciones se realicen con el exclusivo fin de informar sobre la actualidad. Esta última condición no será de aplicación a los discursos pronunciados en sesiones parlamentarias o de corporaciones públicas. En cualquier caso, queda reservado al autor el derecho a publicar en colección tales obras.

Artículo 34. Utilización de bases de datos por el usuario legítimo y limitaciones a los derechos de explotación del titular de una base de datos

1. El usuario legítimo de una base de datos protegida en virtud del artículo 12 de esta Ley o de copias de la misma, podrá efectuar, sin la autorización del autor de la base, todos los actos que sean necesarios para el acceso al contenido de la base de datos y a su normal utilización por el propio

usuario, aunque estén afectados por cualquier derecho exclusivo de ese autor. En la medida en que el usuario legítimo esté autorizado a utilizar solo una parte de la base de datos, esta disposición será aplicable únicamente a dicha parte. Cualquier pacto en contrario a lo establecido en esta disposición será nulo de pleno derecho.

2. Sin perjuicio de lo dispuesto en el artículo 31, no se necesitará la autorización del autor de una base de datos protegida en virtud del artículo 12 de esta Ley y que haya sido divulgada:

a) Cuando tratándose de una base de datos no electrónica se realice una reproducción con fines privados.

b) Cuando la utilización se realice con fines de ilustración de la enseñanza o de investigación científica siempre que se lleve a efecto en la medida justificada por el objetivo no comercial que se persiga e indicando en cualquier caso su fuente.

c) Cuando se trate de una utilización para fines de seguridad pública o a efectos de un procedimiento administrativo o judicial.

Artículo 35. Utilización de las obras con ocasión de informaciones de actualidad y de las situadas en vías públicas

1. Cualquier obra susceptible de ser vista u oída con ocasión de informaciones sobre acontecimientos de la actualidad puede ser reproducida, distribuida y comunicada públicamente, si bien solo en la medida que lo justifique dicha finalidad informativa.

2. Las obras situadas permanentemente en parques, calles, plazas u otras vías públicas pueden ser reproducidas, distribuidas y comunicadas libremente por medio de pinturas, dibujos, fotografías y procedimientos audiovisuales.

Artículo 36. Cable, satélite y grabaciones técnicas

La autorización para emitir una obra comprende la transmisión por cable de la emisión, cuando ésta se realice simultáneamente e íntegramente por la entidad de origen y sin exceder la zona geográfica prevista en dicha autorización.

Asimismo, la referida autorización comprende su incorporación a un programa dirigido hacia un satélite que permita la recepción de esta obra a través de entidad distinta de la de origen, cuando el autor o su derechohabiente haya autorizado a esta última entidad para comunicar la obra al público, en cuyo caso, además, la emisora de origen quedará exenta del pago de toda remuneración.

La cesión del derecho de comunicación pública de una obra, cuando ésta se realiza a través de la radiodifusión, facultará a la entidad radiodifusora para registrar la misma por sus propios medios y para sus propias emisiones inalámbricas, al objeto de realizar, por una sola vez, la comunicación pública autorizada. Para nuevas difusiones de la obra así registrada será necesaria la cesión del derecho de reproducción y de comunicación pública.

Lo dispuesto en este artículo se entiende sin perjuicio de lo previsto en el artículo 20 de la presente Ley.

Artículo 37. Libre reproducción y préstamo en determinadas instituciones

1. Los titulares de los derechos de autor no podrán oponerse a las reproducciones de las obras, cuando aquéllas se realicen sin finalidad lucrativa por los museos, bibliotecas, fonotecas, filmotecas, hemerotecas o archivos, de titularidad pública o integradas en instituciones de carácter cultural o científico, y la reproducción se realice exclusivamente para fines de investigación.

2. Asimismo, los museos, archivos, bibliotecas, hemerotecas, fonotecas o filmotecas de titularidad pública o que pertenezcan a entidades de interés general de carácter cultural, científico o educativo sin ánimo de lucro, o a instituciones docentes integradas en el sistema educativo español, no precisarán autorización de los titulares de los derechos ni les satisfarán remuneración por los préstamos que realicen.

Artículo 38. Actos oficiales y ceremonias religiosas

La ejecución de obras musicales en el curso de actos oficiales del Estado, de las Administraciones públicas y ceremonias religiosas no requerirá autorización de los titulares de los derechos, siempre que el público pueda asistir a ellas gratuitamente y los artistas que en las mismas intervengan no perciban remuneración específica por su interpretación o ejecución en dichos actos.

Artículo 39. Parodia

No será considerada transformación que exija consentimiento del autor la parodia de la obra divulgada, mientras no implique riesgo de confusión con la misma ni se infiera un daño a la obra original o a su autor.

Artículo 40. Tutela del derecho de acceso a la cultura

Si a la muerte o declaración de fallecimiento del autor, sus derechohabientes ejerciesen su derecho a la no divulgación de la obra, en condiciones que vulneren lo dispuesto en el artículo 44 de la Constitución, el Juez podrá ordenar las medidas adecuadas a petición del Estado, las Comunidades Autónomas, las Corporaciones locales, las instituciones públicas de carácter cultural o de cualquier otra persona que tenga un interés legítimo.

Artículo 40 bis. Disposición común a todas las del presente capítulo

Los artículos del presente capítulo no podrán interpretarse de manera tal que permitan su aplicación de forma que causen un perjuicio injustificado a los intereses legítimos del autor o que vayan en detrimento de la explotación normal de las obras a que se refieran.

Capítulo III. Salvaguardia de aplicación de otras disposiciones legales

Artículo 40 ter. Salvaguardia de aplicación de otras disposiciones legales

Lo dispuesto en los artículos del presente Libro I, sobre la protección de las bases de datos, se entenderá sin perjuicio de cualesquiera otras disposiciones legales que afecten a la estructura o al contenido de cualesquiera de esas bases, tales como las relativas a otros derechos de propiedad intelectual, derecho «sui generis», sobre una base de datos, derecho de propiedad industrial, derecho de la competencia, derecho contractual, secretos, protección de los datos de carácter personal, protección de los tesoros nacionales o sobre el acceso a los documentos públicos».

Título IV. Dominio público

Artículo 41. Condiciones para la utilización de las obras en dominio público

La extinción de los derechos de explotación de las obras determinará su paso al dominio público. Las obras de dominio público podrán ser utilizadas por cualquiera, siempre que se respete la autoría y la integridad de la obra, en los términos previstos en los apartados 3 y 4 del artículo 14.

Título V. Transmisión de los derechos

Capítulo I. Disposiciones generales

Artículo 42. Transmisión «mortis causa»

Los derechos de explotación de la obra se transmiten «mortis causa» por cualquiera de los medios admitidos en derecho.
Artículo 43. Transmisión «inter vivos».
Los derechos de explotación de la obra pueden transmitirse por actos «inter vivos», quedando limitada la cesión al derecho o derechos cedidos, a las modalidades de explotación expresamente previstas y al tiempo y ámbito territorial que se determinen.
La falta de mención del tiempo limita la transmisión a cinco años y la del ámbito territorial al país en el que se realice la cesión. Si no se expresan específicamente y de modo concreto las modalidades de explotación de la obra, la cesión quedará limitada a aquella que se deduzca necesariamente del propio contrato y sea indispensable para cumplir la finalidad del mismo.
Será nula la cesión de derechos de explotación respecto del conjunto de las obras que pueda crear el autor en el futuro.

Serán nulas las estipulaciones por las que el autor se comprometa a no crear alguna obra en el futuro.

La transmisión de los derechos de explotación no alcanza a las modalidades de utilización o medios de difusión inexistentes o desconocidos al tiempo de la cesión.

Artículo 44. Menores de vida independiente

Los autores menores de dieciocho años y mayores de dieciséis, que vivan de forma independiente con consentimiento de sus padres o tutores o con autorización de la persona o institución que los tengan a su cargo, tienen plena capacidad para ceder derechos de explotación.

Artículo 45. Formalización escrita

Toda cesión deberá formalizarse por escrito. Si, previo requerimiento fehaciente, el cesionario incumpliere esta exigencia, el autor podrá optar por la resolución del contrato.

Artículo 46. Remuneración Proporcional y a tanto alzado

La cesión otorgada por el autor a título oneroso le confiere una participación proporcional en los ingresos de la explotación, en la cuantía convenida con el cesionario.

Podrá estipularse, no obstante, una remuneración a tanto alzado para el autor en los siguientes casos:

a) Cuando, atendida la modalidad de la explotación, exista dificultad grave en la determinación de los ingresos o su comprobación sea imposible o de un coste desproporcionado con la eventual retribución.

b) Cuando la utilización de la obra tenga carácter accesorio respecto de la actividad.

o del objeto material a los que se destinen.

c) Cuando la obra, utilizada con otras, no constituya un elemento esencial de la creación intelectual en la que se integre.

d) En el caso de la primera o única edición de las siguientes obras no divulgadas previamente:

1.º Diccionarios, antologías y enciclopedias

2.º Prólogos, anotaciones, introducciones y presentaciones

3.º Obras científicas

4.º Trabajos de ilustración de una obra

5.º Traducciones

6.º Ediciones populares a precios reducidos

Artículo 47. Acción de revisión por remuneración no equitativa

Si en la cesión a tanto alzado se produjese una manifiesta desproporción, entre la remuneración del autor y los beneficios obtenidos por el cesionario, aquél podrá pedir la revisión del contrato y, en defecto de acuerdo, acudir al Juez para que fije una remuneración equitativa, atendidas las circunstancias del caso. Esta facultad podrá ejercitarse dentro de los diez años siguientes al de la cesión.

Artículo 48. Cesión en exclusiva

La cesión en exclusiva deberá otorgarse expresamente con este carácter y atribuirá al cesionario, dentro del ámbito de aquélla, la facultad de explotar la obra con exclusión de otra persona, comprendido el propio cedente, y, salvo pacto en contrario, las de otorgar autorizaciones no exclusivas a terceros. Asimismo, le confiere legitimación con independencia de la del titular cedente, para perseguir las violaciones que afecten a las facultades que se le hayan concedido.

Esta cesión constituye al cesionario en la obligación de poner todos los medios necesarios para la efectividad de la explotación concedida, según la naturaleza de la obra y los usos vigentes en la actividad profesional, industrial o comercial de que se trate.

Artículo 49. Transmisión del derecho del cesionario en exclusiva

El cesionario en exclusiva podrá transmitir a otro su derecho con el consentimiento expreso del cedente.

En defecto de consentimiento, los cesionarios responderán solidariamente frente al primer cedente de las obligaciones de la cesión.

No será necesario el consentimiento cuando la transmisión se lleve a efecto como consecuencia de la disolución o del cambio de titularidad de la empresa cesionaria.

Artículo 50. Cesión no exclusiva

El cesionario no exclusivo quedará facultado para utilizar la obra de acuerdo con los términos de la cesión y en concurrencia tanto con otros cesionarios como con el propio cedente. Su derecho será intransmisible, salvo en los supuestos previstos en el párrafo tercero del artículo anterior. Las autorizaciones no exclusivas concedidas por las entidades de gestión para utilización de sus repertorios serán, en todo caso, intransmisibles.

Artículo 51. Transmisión de los derechos del autor asalariado

La transmisión al empresario de los derechos de explotación de la obra creada en virtud de una relación laboral se regirá por lo pactado en el contrato, debiendo éste realizarse por escrito.

A falta de pacto escrito, se presumirá que los derechos de explotación han sido cedidos en exclusiva y con el alcance necesario para el ejercicio de la actividad habitual del empresario en el momento de la entrega de la obra realizada en virtud de dicha relación laboral.

En ningún caso podrá el empresario utilizar la obra o disponer de ella para un sentido o fines diferentes de los que se derivan de lo establecido en los dos apartados anteriores.

Las demás disposiciones de esta Ley serán, en lo pertinente, de aplicación a estas transmisiones, siempre que así se derive de la finalidad y objeto del contrato.

La titularidad de los derechos sobre un programa de ordenador creado por un trabajador asalariado en el ejercicio de sus funciones o siguiendo las instrucciones de su empresario se regirá por lo previsto en el apartado 4 del artículo 97 de esta Ley.

Artículo 52. Transmisión de derechos para publicaciones periódi-

cas

Salvo estipulación en contrario los autores de obras reproducidas en publicaciones periódicas conservan su derecho a explotarlas en cualquier forma que no perjudique la normal de la publicación en la que se hayan insertado.

El autor podrá disponer libremente de su obra, si ésta no se reprodujere en el plazo de un mes desde su envío o aceptación en las publicaciones diarias o en el de seis meses en las restantes, salvo pacto en contrario.

La remuneración del autor de las referidas obras podrá consistir en un tanto alzado.

Artículo 53. Hipoteca y embargo de los derechos de autor

Los derechos de explotación de las obras protegidas en esta Ley podrán ser objeto de hipoteca con arreglo a la legislación vigente.

Los derechos de explotación correspondientes al autor no son embargables, pero si lo son sus frutos o productos, que se considerarán como salarios, tanto en lo relativo al orden de prelación para el embargo, como a retenciones o parte inembargable.

Artículo 54. Créditos por la cesión de derechos de explotación

Los créditos en dinero por la cesión de derechos de explotación tienen la misma consideración que la de los devengados por salarios o sueldos en los procedimientos concursales de los cesionarios, con el límite de dos anualidades.

La Disposición derogatoria única de la Ley 22/2003, de 9 de julio, de Ordenación Económica. Ley Concursal, en su apartado 2.9 deroga este artículo.

Artículo 55. Beneficios irrenunciables

Salvo disposición de la propia Ley, los beneficios que se otorgan en el presente Título a los autores y a sus derechohabientes serán irrenunciables.

Artículo 56. Transmisión de derechos a los propietarios de ciertos

soportes materiales

El adquirente de la propiedad del soporte a que se haya incorporado la obra no tendrá, por este solo título, ningún derecho de explotación sobre esta última.

No obstante, el propietario del original de una obra de artes plásticas o de una obra fotográfica tendrá el derecho de exposición pública de la obra, aunque ésta no haya sido divulgada, salvo que el autor hubiera excluido expresamente este derecho en el acto de enajenación del original. En todo caso, el autor podrá oponerse al ejercicio de este derecho, mediante la aplicación, en su caso, de las medidas cautelares previstas en esta Ley, cuando la exposición se realice en condiciones que perjudiquen su honor o reputación profesional.

Artículo 57. Aplicación preferente de otras disposiciones

La transmisión de derechos de autor para su explotación a través de las modalidades de edición, representación o ejecución, o de producción de obras audiovisuales se regirá, respectivamente y en todo caso, por lo establecido en las disposiciones específicas de este Libro I, y en lo no previsto en las mismas, por lo establecido en este capítulo.

Las cesiones de derechos para cada de las distintas modalidades de explotación deberán formalizarse independientes.

Capítulo II. Contrato de edición

Artículo 58. Concepto

Por el contrato de edición al autor o sus derechohabientes ceden al editor, mediante compensación económica, el derecho de reproducir su obra y el de distribuirla. El editor se obliga a realizar estas operaciones por su cuenta y riesgo en las condiciones pactadas y con sujeción a lo dispuesto en esta Ley.

Artículo 59. Obras futuras, encargo de una obra y colaboraciones

en publicaciones periódicas

Las obras futuras no son objeto del contrato de edición regulado en esta Ley.

El encargo de una obra no es objeto del contrato de edición, pero la remuneración que pudiera convenirse será considerada como anticipo de los derechos que al autor le correspondiesen por la edición, si ésta se realizase.

Las disposiciones de este capítulo tampoco serán de aplicación a las colaboraciones en publicaciones periódicas, salvo que así lo exijan, en su caso, la naturaleza y la finalidad del contrato.

Artículo 60. Formalización y contenido mínimo

El contrato de edición deberá formalizarse por escrito y expresar en todo caso:

1.º Si la cesión del autor al editor tiene carácter de exclusiva.

2.º Su ámbito territorial

3.º El número máximo y mínimo de ejemplares que alcanzará la edición o cada una de las que se convengan.

4.º La forma de distribución de los ejemplares y los que se reserven al autor, a la crítica y a la promoción de la obra.

5.º La remuneración del autor, establecida conforme a lo dispuesto en el artículo 46 de esta Ley.

6.º El plazo para la puesta en circulación de los ejemplares de la única o primera edición, que no podrá exceder de dos años contados desde que el autor entregue al editor la obra en condiciones adecuadas para realizar la reproducción de la misma.

7.º El plazo en que el autor deberá entregar el original de su obra al editor.

Artículo 61. Supuestos de nulidad y de subsanación de omisiones

Será nulo el contrato no formalizado por escrito, así como el que no exprese los extremos exigidos en los apartados 3.º y 5.º del artículo anterior.

La omisión de los extremos mencionados en los apartados 6.º y 7.º del artículo anterior dará acción a los contratantes para compelerse recíprocamente a subsanar la falta. En defecto de acuerdo, lo hará el Juez atendiendo a las circunstancias del contrato, a los actos de las partes en su ejecución y a los usos.

Artículo 62. Edición en forma de libro

1. Cuando se trate de la edición de una obra en forma de libro, el contrato deberá expresar, además, los siguientes extremos:

a) La lengua o lenguas en que ha de publicarse la obra.

b) El anticipo a conceder, en su caso, por el editor al autor a cuenta de sus derechos.

c) La modalidad o modalidades de edición y, en su caso, la colección de la que formarán parte.

2. La falta de expresión de la lengua o lenguas en que haya de publicarse la obra solo dará derecho al editor a publicarla en el idioma original de la misma.

3. Cuando el contrato establezca la edición de una obra en varias lenguas españolas oficiales, la publicación en una de ellas no exime al editor de la obligación de su publicación en las demás.

Si transcurridos cinco años desde que el autor entregue la obra, el editor no la hubiese publicado en todas las lenguas previstas en el contrato, el autor podrá resolverlo respecto de las lenguas en las que no se haya publicado.

4. Lo dispuesto en el apartado anterior se aplicará también para las traducciones de las obras extranjeras en España.

Artículo 63. Excepciones al Artículo 60.6.º

La limitación del plazo prevista en el apartado 6.º del artículo 60 no será de aplicación a las ediciones de los siguientes tipos de obras:

1.º Antologías de obras ajenas, diccionarios, enciclopedias y colecciones análogas

2.º Prólogos, epílogos, presentaciones, introducciones, anotaciones, comentarios e ilustraciones de obras ajenas.

Artículo 64. Obligaciones del editor

Son obligaciones del editor:

1.º Reproducir la obra en la forma convenida, sin introducir ninguna modificación que el autor no haya consentido y haciendo constar en los ejemplares el nombre, firma o signo que lo identifique.

2.º Someter las pruebas de la tirada al autor, salvo pacto en contrario.

3.º Proceder a la distribución de la obra en el plazo y condiciones estipulados.

4.º. Asegurar a la obra una explotación continua y una difusión comercial conforme a los usos habituales en el sector profesional de la edición.

5.º Satisfacer al autor la remuneración estipulada y, cuando ésta sea proporcional, al menos una vez cada año, la oportuna liquidación, de cuyo contenido le rendirá cuentas. Deberá, asimismo, poner anualmente a disposición del autor un certificado en el que se determinen los datos relativos a la fabricación, distribución y existencias de ejemplares. A estos efectos, si el autor lo solicita, el editor le presentará los correspondientes justificantes.

6.º Restituir al autor el original de la obra, objeto de la edición, una vez finalizadas las operaciones de impresión y tirada de la misma.

Artículo 65. Obligaciones del autor

Son obligaciones del autor:

1.º Entregar al editor en debida forma para su reproducción y dentro del plazo convenido la obra objeto de la edición.

2.º Responder ante el editor de la autoría y originalidad de la obra y del ejercicio pacífico de los derechos que le hubiese cedido.

3.º Corregir las pruebas de la tirada, salvo pacto en contrario.

Artículo 66. Modificaciones en el contenido de la obra

El autor, durante el período de corrección de pruebas, podrá introducir en la obra las modificaciones que estime imprescindibles, siempre que no alteren su carácter o finalidad, ni se eleve sustancial-mente el coste de la edición. En cualquier caso, el contrato de edición podrá prever un porcentaje máximo de correcciones sobre la totalidad de la obra.

Artículo 67. Derechos de autor en caso de venta en saldo y destrucción de la edición

El editor no podrá, sin consentimiento del autor, vender como saldo la edición antes de dos años de la inicial puesta en circulación de los ejemplares. Transcurrido dicho plazo, si el editor decide vender como saldo los que le resten, lo notificará fehacientemente al autor, quien podrá optar por adquirirlos ejerciendo tanteo sobre el precio de saldo o, en el caso de remuneración proporcional, percibir el 10 por 100 del facturado por el editor. La opción deberá ejercerla dentro de los treinta días siguientes al recibo de la notificación.

3. Si, tras el mismo plazo, el editor decide destruir el resto de los ejemplares de una edición, deberá asimismo notificarlo al autor, quien podrá exigir que se le entreguen gratuitamente todos o parte de los ejemplares, dentro del plazo de treinta días desde la notificación. El autor no podrá destinar dichos ejemplares a usos comerciales.

Artículo 68. Resolución

1. Sin perjuicio de las indemnizaciones a que tenga derecho, el autor podrá resolver el contrato de edición en los casos siguientes:

a) Si el editor no realiza la edición de la obra en el plazo y condiciones convenidos.

b) Si el editor incumple alguna de las obligaciones mencionadas en los apartados 2.º, 4.º y 5.º del artículo 64, no obstante el requerimiento expreso del autor exigiéndole su cumplimiento.

c) Si el editor procede a la venta como saldo o a la destrucción de los ejemplares que le resten de la edición, sin cumplir los requisitos establecidos en el artículo 67 de esta Ley.

d) Si el editor cede indebidamente sus derechos a un tercero.

e) Cuando, previstas varias ediciones y agotada la última realizada, el editor no efectúe la siguiente edición en el plazo de un año desde que fuese requerido para ello por el autor. Una edición se considerará agotada a los efectos de este artículo cuando el número de ejemplares sin vender sea inferior al 5 por 100 del total de la edición y, en todo caso, inferior a 100.

f) En los supuestos de liquidación o cambio de titularidad de la empresa editorial, siempre que no se haya iniciado la reproducción de la obra, con devolución, en su caso, de las cantidades percibidas como anticipo.

2. Cuando por cese de la actividad del editor o a consecuencia de un procedimiento concursal se suspenda la explotación de la obra, la autoridad judicial, a instancia del autor, podrá fijar un plazo para que se reanude aquélla, quedando resuelto el contrato de edición si así no se hiciere.

Artículo 69. Causas de extinción

El contrato de edición se extingue, además de por las causas generales de extinción de los contratos, por las siguientes:

1.º Por la terminación del plazo pactado.

2.º Por la venta de la totalidad de los ejemplares si ésta hubiera sido el destino de la edición.

3.º Por el transcurso de diez años desde la cesión si la remuneración se hubiera pactado exclusivamente a tanto alzado de acuerdo con lo establecido en el artículo 46, apartado 2.d) de esta Ley.

4.º En todo caso, a los quince años de haber puesto el autor al editor en condiciones de realizar la reproducción de la obra.

Artículo 70. Efectos de la extinción

Extinguido el contrato, y salvo estipulación en contrario, el editor, dentro de los tres años siguientes y cualquiera que sea la forma de distribución convenida, podrá enajenar los ejemplares que, en su caso, posea. El autor podrá adquirirlos por el 60 por 100 de su precio de venta al público o por el que se determine pericial-mente, u optar por ejercer tanteo sobre el precio de venta.

Dicha enajenación quedará sujeta a las condiciones establecidas en el contrato extinguido.

Artículo 71. Contrato de edición musical

El contrato de edición de obras musicales o dramático-musicales por el que se conceden además al editor derechos de comunicación pública, se regirá por lo dispuesto en este capítulo, sin perjuicio de las siguientes normas:

1.ª Será válido el contrato aunque no se exprese el número de ejemplares. No obstante, el editor deberá confeccionar y distribuir ejemplares de la obra en cantidad suficiente para atender las necesidades normales de la explotación concedida, de acuerdo con el uso habitual en el sector profesional de la edición musical.

2.ª Para las obras sinfónicas y dramático-musicales el límite de tiempo previsto en el apartado 6.º del artículo 60 será de cinco años.

3.ª No será de aplicación a este contrato lo dispuesto en el apartado 1.c) del artículo 68, y en las cláusulas 2.ª, 3.ª y 4.ª del artículo 69.

Artículo 72. Control de tirada

El número de ejemplares de cada edición estará sujeto a control de tirada a través del procedimiento que reglamentariamente se establezca, oídos los sectores profesionales afectados.

El incumplimiento por el editor de los requisitos que a tal efecto se dispongan, facultará al autor o a sus causahabientes para resolver el contrato, sin perjuicio de las responsabilidades en que hubiere podido incurrir el editor.

Artículo 73. Condiciones generales del contrato

Los autores y editores, a través de las entidades de gestión de sus correspondientes derechos de propiedad intelectual,

o en su defecto, a través de las asociaciones representativas de unos y otros, podrán acordar condiciones generales para el contrato de edición dentro del respeto a la ley.

Capítulo III. Contrato de reBrevísima presentación teatral y ejecución musical

Artículo 74. Concepto

Por el contrato regulado en este capítulo, el autor o sus derechohabientes ceden a una persona natural o jurídica el derecho de representar o ejecutar públicamente una obra literaria, dramática, musical, dramático-musical, pantomímica o coreografía, mediante compensación económica. el cesionario se obliga a llevar a cabo la comunicación pública de la obra en las condiciones convenidas y con sujeción a lo dispuesto en esta Ley.

Artículo 75. Modalidades y duración máxima del contrato

1. Las partes podrán contratar la cesión por plazo cierto o por número determinado de comunicaciones al público. En todo caso, la duración de la cesión en exclusiva no podrá exceder de cinco años.

2. En el contrato deberá estipularse el plazo dentro del cual debe llevarse a efecto la comunicación única o primera de la obra. Dicho plazo no podrá ser superior a dos años desde la fecha del contrato o, en su caso, desde que el autor puso al empresario en condiciones de realizar la comunicación.

Si el plazo no fuese fijado, se entenderá otorgado por un año. En el caso de que tuviera por objeto la representación escénica de la obra, el referido plazo será el de duración de la temporada correspondiente al momento de la conclusión del contrato.

Artículo 76. Interpretación restrictiva del contrato

Si en el contrato no se hubieran determinado las modalidades autorizadas, éstas quedarán limitadas a las de recitación y representación en teatros, salas de recintos cuya entrada requiera el pago de una cantidad de dinero.

Artículo 77. Obligaciones del autor

Son obligaciones del autor:

1.º Entregar al empresario el texto de la obra con la partitura, en su caso, completamente instrumentada, cuando no se hubiese publicado en forma impresa.

2.º Responder ante el cesionario de la autoría y originalidad de la obra y del ejercicio pacífico de los derechos que le hubiese cedido.

Artículo 78. Obligaciones del cesionario

El cesionario está obligado:

1.º A llevar a cabo la comunicación pública de la obra en el plazo convenido o determinado conforme al apartado 2 del artículo 75.

2.º A efectuar esa comunicación sin hacer en la obra variaciones, adiciones, cortes o supresiones no consentidas por el autor y en condiciones técnicas que no perjudiquen el derecho moral de éste.

3.º A garantizar al autor o a sus representantes la inspección de la representación pública de la obra y la asistencia a la misma gratuitamente.

4.º A satisfacer puntualmente al autor la remuneración convenida, que se determinará conforme a lo dispuesto en el artículo 46 de esta Ley.

5.º A presentar al autor o a sus representantes el programa exacto de los actos de comunicación, y cuando la remuneración fuese proporcional, una declaración de los ingresos. Asimismo, el cesionario deberá facilitarles la comprobación de dichos programas y declaraciones.

Artículo 79. Garantía del cobro de la remuneración

Los empresarios de espectáculos públicos se considerarán depositarios de la remuneración correspondiente a los autores por la comunicación de sus obras cuando aquélla consista en una participación proporcional en los ingresos. Dicha remuneración deberán tenerla semanalmente a disposición de los autores o de sus representantes.

Artículo 80. Ejecución del contrato

Salvo que las partes hubieran convenido otra cosa, se sujetarán en la ejecución del contrato a las siguientes reglas:

1.ª Correrá a cargo del cesionario la obtención de las copias necesarias para la comunicación pública de la obra. Estas deberán ser visadas por el autor.

2.ª El autor y el cesionario elegirán de mutuo acuerdo los intérpretes principales y, tratándose de orquestas, coros, grupos de bailes y conjuntos artísticos análogos, el director.

3.ª El autor y el cesionario convendrán la redacción de la publicidad de los actos de comunicación.

Artículo 81. Causas de resolución

El contrato podrá ser resuelto por voluntad del autor en los siguientes casos:

1.º Si el empresario que hubiese adquirido derechos exclusivos, una vez iniciadas las representaciones públicas de la obra, las interrumpiere durante un año.

2.º Si el empresario incumpliere la obligación mencionada en el apartado 1.º del artículo 78.

3.º Si el empresario incumpliere cualquiera de las obligaciones citadas en los apartados 2.º, 3.º, 4.º y 5.º del mismo artículo 78, después de haber sido requerido por el autor para su cumplimiento.

Artículo 82. Causas de extinción

El contrato de representación se extingue, además de por las causas generales de extinción de los contratos, cuando, tratándose de una obra de estreno y siendo su representación escénica la única modalidad de comunicación contemplada en el contrato, aquélla hubiese sido rechazada claramente por el público y así se hubiese expresado en el contrato.

Artículo 83. Ejecución pública de composiciones musicales

El contrato de representación que tenga por objeto la ejecución pública de una composición musical se regirá por las disposiciones de este capítulo, siempre que lo permita la naturaleza de la obra y la modalidad de la comunicación autorizada.

Artículo 84. Disposiciones especiales para la cesión de un derecho

de comunicación pública mediante radiodifusión

1. La cesión del derecho de comunicación pública de las obras a las que se refiere este capítulo, a través de la radiodifusión, se regirá por las disposiciones del mismo, con excepción de lo dispuesto en el apartado 1.º del artículo 81.

2. Salvo pacto en contrario, se entenderá que dicha cesión queda limitada a la emisión de la obra por una sola vez, realizada por medios inalámbricos y centros emisores de la entidad de radiodifusión autorizada, dentro del ámbito territorial determinado en el contrato, sin perjuicio de lo dispuesto en el artículo 20 y en los apartados 1 y 2 del artículo 36 de esta Ley.

Artículo 85. Aplicación de las disposiciones anteriores a las simples autorizaciones

Las autorizaciones que el autor conceda a un empresario para que pueda proceder a una comunicación pública de su obra, sin obligarse a efectuarla, se regirán por las disposiciones de este capítulo en lo que les fuese aplicable.

Título VI. Obras cinematográficas y demás obras audiovisuales

Artículo 86. Concepto

Las disposiciones contenidas en el presente Título serán de aplicación a las obras cinematográficas y demás obras audiovisuales, entendiendo por tales las creaciones expresadas mediante una serie de imágenes asociadas, con o sin sonorización incorporada, que estén destinadas esencialmente a ser mostradas a través de aparatos de proyección o por cualquier otro medio de comunicación pública de la imagen y del sonido, con independencia de la naturaleza de los soportes materiales de dichas obras.

Todas las obras enunciadas en el presente artículo se denominarán en lo sucesivo obras audiovisuales.

Artículo 87. Autores

Son autores de la obra audiovisual en los términos previstos en el artículo 7 de esta Ley:

1. El director-realizador.

Los autores del argumento, la adaptación y los del guión o los diálogos.

Los autores de las composiciones musicales, con o sin letra, creadas especialmente para esta obra.

Artículo 88. Presunción de cesión en exclusiva y límites

1. Sin perjuicio de los derechos que corresponden a los autores, por el contrato de producción de la obra audiovisual se presumirán cedidos en exclusiva al productor, con las limitaciones establecidas en este Título, los derechos de reproducción, distribución y comunicación pública, así como los de doblaje o subtitulado de la obra.

No obstante, en las obras cinematográficas será siempre necesaria la autorización expresa de los autores para su explotación, mediante la puesta a disposición del público de copias en cualquier sistema o formato, para su utilización en el ámbito doméstico, o mediante su comunicación pública a través de la radiodifusión.

2. Salvo estipulación en contrario, los autores podrán disponer de su aportación en forma aislada, siempre que no se perjudique la normal explotación de la obra audiovisual.

Artículo 89. Presunción de cesión en caso de transformación de obra preexistente

Mediante el contrato de transformación de una obra preexistente que no esté en el dominio público, se presumirá que el autor de la misma cede al productor de la obra audiovisual los derechos de explotación sobre ella en los términos previstos en el artículo 88.

Salvo pacto en contrario, el autor de la obra preexistente conservará sus derechos a explotarla en forma de edición gráfica y de representación escénica y, en todo caso, podrá disponer de ella para otra obra audiovisual a los quince años de haber puesto su aportación a disposición del productor.

Artículo 90. Remuneración de los autores

La remuneración de los autores de la obra audiovisual por la cesión de los derechos mencionados en el artículo 88 y, en su caso, la correspondiente a los autores de las obras preexistentes, hayan sido transformadas o no, deberán determinarse para cada una de las modalidades de explotación concedidas.

Cuando los autores a los que se refiere el apartado anterior suscriban con un productor de grabaciones audiovisuales contratos relativos a la producción de las mismas, se presumirá que, salvo pacto en contrario en el contrato y a salvo del derecho irrenunciable a una remuneración equitativa a que se refiere el párrafo siguiente, han transferido su derecho de alquiler.

El autor que haya transferido o cedido a un productor de fonogramas o de grabaciones audiovisuales su derecho de alquiler respecto de un fonograma o un original o una copia de una grabación audiovisual, conservará el derecho irrenunciable a obtener una remuneración equitativa por el alquiler de los mismos. Tales remuneraciones serán exigibles de quienes lleven a efecto las operaciones de alquiler al público de los fonogramas o grabaciones audiovisuales en su condición de derechohabientes de los titulares del correspondiente derecho de autorizar dicho alquiler y se harán efectivas a partir del 1 de enero de 1997.

3. En todo caso, y con independencia de lo pactado en el contrato, cuando la obra audiovisual sea proyectada en lugares públicos mediante el pago de un precio de entrada, los autores mencionados en el apartado 1 de este artículo tendrán derecho a percibir de quienes exhiban públicamente dicha obra un porcentaje de los ingresos procedentes de dicha exhibición pública. Las cantidades pagadas por este concepto podrán deducirlas los exhibidores de las que deban abonar a los cedentes de la obra audiovisual. En el caso de exportación de la obra audiovisual, los autores podrán ceder el derecho mencionado por una cantidad alzada, cuando en el país de destino les sea imposible o gravemente dificultoso el ejercicio efectivo del derecho.

Los empresarios de salas públicas o de locales de exhibición deberán poner periódicamente a disposición de los autores las cantidades recaudadas en concepto de dicha remuneración. A estos efectos, el Gobierno podrá establecer reglamentariamente los oportunos procedimientos de control.

4. La proyección, exhibición o transmisión, debidamente autorizadas, de una obra audiovisual por cualquier procedimiento, sin exigir pago de un precio de entrada, dará derecho a los autores a percibir la remuneración que proceda, de acuerdo con las tarifas generales establecidas por la entidad de gestión correspondiente.

Con el objeto de facilitar al autor el ejercicio de los derechos que le correspondan por la explotación de la obra audiovisual, el productor, al menos una vez al año, deberá facilitar a instancia del autor la documentación necesaria.

Los derechos establecidos en los apartados 3 y 4 de este artículo serán irrenunciables e intransmisibles por actos «inter vivos» y no serán de aplicación a los autores de obras audiovisuales de carácter publicitario.

Los derechos contemplados en los apartados 2, 3 y 4 del presente artículo se harán efectivos a través de las entidades de gestión de los derechos de propiedad intelectual.

Artículo 91. Aportación insuficiente de un autor

Cuando la aportación de un autor no se completase por negativa injustificada del mismo o por causa de fuerza mayor, el productor podrá utilizar la parte ya realizada, respetando los derechos de aquél sobre la misma, sin perjuicio, en su caso, de la indemnización que proceda.

Artículo 92. Versión definitiva y sus modificaciones

Se considerará terminada la obra audiovisual cuando haya sido establecida la versión definitiva, de acuerdo con lo pactado en el contrato entre el director-realizador y el productor.

Cualquier modificación de la versión definitiva de la obra audiovisual mediante añadido, supresión o cambio de cualquier elemento de la misma, necesitará la autorización previa de quienes hayan acordado dicha versión definitiva.

No obstante, en los contratos de producción de obras audiovisuales destinadas esencialmente a la comunicación pública a través de la radiodifusión, se presumirá concedida por los autores, salvo estipulación en contrario, la autorización para realizar en la forma de emisión de la obra las modificaciones estrictamente exigidas por el modo de programación del medio, sin perjuicio en todo caso del derecho reconocido en el apartado 4.º del artículo 14.

Artículo 93. Derecho moral y destrucción de soporte original

El derecho moral de los autores solo podrá ser ejercido sobre la versión definitiva de la obra audiovisual.

Queda prohibida la destrucción del soporte original de la obra audiovisual en su versión definitiva.

Artículo 94. Obras radiofónicas

Las disposiciones contenidas en el presente Título serán de aplicación, en lo pertinente, a las obras radiofónicas.

Título VII. Programas de ordenador

Artículo 95. Régimen jurídico

El derecho de autor sobre los programas de ordenador se regirá por los preceptos del presente Título y, en lo que no esté específicamente previsto en el mismo, por las disposiciones que resulten aplicables de la presente Ley.

Artículo 96. Objeto de la protección

1. A los efectos de la presente Ley se entenderá por programa de ordenador toda secuencia de instrucciones o indicaciones destinadas a ser utilizadas, directa o indirectamente, en un sistema informático para realizar una función o una tarea o para obtener un resultado determinado, cualquiera que fuere su forma de expresión y fijación.

A los mismos efectos, la expresión programas de ordenador comprenderá también su documentación preparatoria. La documentación técnica y los manuales de uso de un programa gozarán de la misma protección que este Título dispensa a los programas de ordenador.

2. El programa de ordenador será protegido únicamente si fuese original, en el sentido de ser una creación intelectual propia de su autor.

3. La protección prevista en la presente Ley se aplicará a cualquier forma de expresión de un programa de ordenador. Asimismo, esta protección se extiende a cualquiera versiones sucesivas del programa así como a los programas derivados, salvo aquellas creadas con el fin de ocasionar efectos nocivos a un sistema informático. Cuando los programas de ordenador forman parte de una patente o un modelo de utilidad gozarán, sin perjuicio de lo dispuesto en la presente Ley, de la protección que pudiera corresponderles por aplicación del régimen jurídico de la propiedad industrial.

4. No estarán protegidos mediante los derechos de autor con arreglo a la presente Ley las ideas y principios en los que se basan cualquiera de los elementos de un programa de ordenador incluidos los que sirven de fundamento a sus interfaces.

Artículo 97. Titularidad de los derechos

Será considerado autor del programa de ordenador la persona o grupo de personas naturales que lo hayan creado, o la persona jurídica que sea contemplada como titular de los derechos de autor en los casos expresamente previstos por esta Ley.

Cuando se trate de una obra colectiva tendrá la consideración de autor, salvo pacto en contrario, la persona natural o jurídica que la edite y divulgue bajo su nombre.

3. Los derechos de autor sobre un programa de ordenador que no sea resultado unitario de la colaboración entre varios autores serán propiedad común y corresponderán a todos éstos en la proporción que determinen.

4. Cuando un trabajador asalariado cree un programa de ordenador, en el ejercicio de las funciones que le han sido confiadas

o siguiendo las instrucciones de su empresario, la titularidad de los derechos de explotación correspondientes al programa de ordenador así creado, tanto el programa fuente como el programa objeto, corresponderán, exclusivamente, al empresario, salvo pacto en contrario.

5. La protección se concederá a todas las personas naturales y jurídicas que cumplan los requisitos establecidos en esta Ley para la protección de los derechos de autor.

Artículo 98. Duración de la protección

Cuando el autor sea una persona natural la duración de los derechos de explotación de un programa de ordenador será, según los distintos supuestos que pueden plantearse, la prevista en el capítulo I del Título III de este Libro.

Cuando el autor sea una persona jurídica la duración de los derechos a que se refiere el párrafo anterior será de setenta años, computados desde el día 1 de enero del año siguiente al de la divulgación lícita del programa o al de su creación si no se hubiera divulgado.

Artículo 99. Contenido de los derechos de explotación

Sin perjuicio de lo dispuesto en el artículo 100 de esta Ley los derechos exclusivos de la explotación de un programa de ordenador por parte de quien sea su titular con arreglo al artículo 97, incluirán el derecho de realizar o de autorizar:

a) La reproducción total o parcial, incluso para uso personal, de un programa de ordenador, por cualquier medio y bajo cualquier forma, ya fuere permanente o transitoria. Cuando la carga, presentación, ejecución, transmisión o almacenamiento de un programa necesiten tal reproducción deberá disponerse de autorización para ello, que otorgará el titular del derecho.

b) La traducción, adaptación, arreglo o cualquier otra transformación de un programa de ordenador y la reproducción de los derechos de la persona que transforme el programa de ordenador.

c) Cualquier forma de distribución pública incluido el alquiler del programa de ordenador original o de sus copias.

A tales efectos, cuando se produzca cesión del derecho del uso de un programa de ordenador, se entenderá, salvo prueba en contrario, que dicha cesión tiene carácter no exclusivo e intransferible, presumiéndose, asimismo, que lo es para satisfacer únicamente las necesidades del usuario. La primera venta en la Unión Europea de una copia de un programa por el titular de los derechos o con su consentimiento, agotará el derecho de distribución de dicha copia, salvo el derecho de controlar el subsiguiente alquiler del programa o de una copia del mismo.

Artículo 100. Límites a los derechos de explotación

No necesitarán autorización del titular, salvo disposición contractual en contrario, la reproducción o transformación de un programa de ordenador incluida la corrección de errores, cuando dichos actos sean necesarios para la utilización del mismo por parte del usuario legítimo, con arreglo a su finalidad propuesta.

La realización de una copia de seguridad por parte de quien tiene derecho a utilizar el programa no podrá impedirse por contrato en cuanto resulte necesaria para dicha utilización.

El usuario legítimo de la copia de un programa estará facultado para observar, estudiar o verificar su funcionamiento, sin autorización previa del titular, con el fin de determinar las ideas y principios implícitos en cualquier elemento del programa, siempre que lo haga durante cualquiera de las operaciones de carga, visualización, ejecución, transmisión o almacenamiento del programa que tiene derecho a hacer.

El autor, salvo pacto en contrario, no podrá oponerse a que el cesionario titular de derechos de explotación realice o autorice la realización de versiones sucesivas de su programa ni de programas derivados del mismo.

No será necesaria la autorización del titular del derecho cuando la reproducción del código y la traducción de su forma en el sentido de los párrafos a) y b) del artículo 99 de la presente Ley, sea indispensable para obtener la información necesaria para la interoperabilidad de un programa creado de forma independiente con otros programas, siempre que se cumplan los siguientes requisitos:

a) Que tales actos sean realizados por el usuario legítimo o por cualquier otra persona facultada para utilizar una copia del programa, o en su nombre, por parte de una persona debidamente autorizada.

b) Que la información necesaria para conseguir la interoperabilidad no haya sido puesta previamente y de manera fácil y rápida, a disposición de las personas a que se refiere el párrafo anterior.

c) Que dichos actos se limiten a aquellas partes del programa original que resulten necesarias para conseguir la interoperabilidad.

6. La excepción contemplada en el apartado 5 de este artículo será aplicable siempre que la información así obtenida:

a) Se utilice únicamente para conseguir la interoperabilidad del programa creado de forma independiente.

b) Solo se comunique a terceros cuando sea necesario para la interoperabilidad del programa creado de forma independiente.

c) No se utilice para el desarrollo, producción o comercialización de un programa sustancialmente similar en su expresión, o para cualquier otro acto que infrinja los derechos de autor.

7. Las disposiciones contenidas en los apartados 5 y 6 del presente artículo no podrán interpretarse de manera que permitan que su aplicación perjudique de forma injustificada los legítimos intereses del titular de los derechos o sea contraria a una explotación normal del programa informático.

Artículo 101. Protección registral

Los derechos sobre los programas de ordenador, así como sobre sus sucesivas versiones y los programas derivados, podrán ser objeto de inscripción en el Registro de la Propiedad Intelectual.

Reglamentariamente se determinarán aquellos elementos de los programas registrados que serán susceptibles de consulta pública.

Artículo 102. Infracción de los derechos

A efectos del presente Título y sin perjuicio de lo establecido en el artículo 100 tendrán la consideración de infractores de los derechos de autor quienes, sin autorización del titular de los mismos, realicen los actos previstos en el artículo 99 y en particular:

a) Quienes pongan en circulación una o más copias de un programa de ordenador conociendo o pudiendo presumir su naturaleza ilegítima.

b) Quienes tengan con fines comerciales una o más copias de un programa de ordenador, conociendo o pudiendo presumir su naturaleza ilegítima.

c) Quienes pongan en circulación o tengan con fines comerciales cualquier instrumento cuyo único uso sea facilitar la supresión o neutralización no autorizadas de cualquier dispositivo técnico utilizado para proteger un programa de ordenador.

Artículo 103. Medidas de protección

El titular de los derechos reconocidos en el presente Título podrá instar las acciones y procedimientos que, con carácter general, se disponen en el Título I, Libro III de la presente Ley y las medidas cautelares procedentes, conforme a lo dispuesto en la Ley de Enjuiciamiento Civil. (Según la redacción dada por la Disposición final segunda de la Ley 1/2000, de 7 de enero, de Enjuiciamiento Civil).

Artículo 104. Salvaguardia de aplicación de otras disposiciones legales

Lo dispuesto en el presente Título se entenderá sin perjuicio de cualesquiera otras disposiciones legales tales como las relativas a los derechos de patente, marcas, competencia desleal, secretos comerciales, protección de productos semiconductores o derecho de obligaciones.

Libro II. De los otros derechos de propiedad intelectual y de la protección sui generis de las bases de datos

Título I. Derechos de los artistas intérpretes o ejecutantes

Artículo 105. Definición de artistas intérpretes o ejecutantes

Se entiende por artista intérprete o ejecutante a la persona que represente, cante, lea, recite, interprete o ejecute en cualquier forma una obra.

El director de escena y el director de orquesta tendrán los derechos reconocidos a los artistas en este Título.

Artículo 106. Fijación

Corresponde al artista intérprete o ejecutante el derecho exclusivo de autorizar la fijación de sus actuaciones.

Dicha autorización deberá otorgarse por escrito.

Artículo 107. Reproducción

1. Corresponde al artistas intérprete o ejecutante el derecho exclusivo de autorizar la reproducción directa o indirecta de las fijaciones de sus actuaciones.

Dicha autorización deberá otorgarse por escrito.

Este derecho podrá transferirse, cederse o ser objeto de la concesión de licencias contractuales.

Artículo 108. Comunicación pública

1. Corresponde al artista intérprete o ejecutante el derecho exclusivo de autorizar la comunicación pública de sus actuaciones, salvo cuando dicha actuación constituya en sí una actuación transmitida por radiodifusión o se realice a partir de una fijación previamente autorizada.

Dicha autorización deberá otorgarse por escrito.

Cuando la comunicación al público se realice vía satélite o por cable y en los términos previstos respectivamente en los apartados 3 y 4 del artículo 20 y concordantes de esta Ley, será de aplicación lo dispuesto en tales preceptos.

Los usuarios de un fonograma publicado con fines comerciales, o de una reproducción de dicho fonograma que se utilice para cualquier forma de comunicación pública, tienen obligación de pagar una remuneración equitativa y única a los artistas intérpretes o ejecutantes y a los productores de fonogramas, entre los cuales se efectuará el reparto de la misma. A falta de acuerdo entre ellos sobre dicho reparto, éste se realizará por partes iguales.

Los usuarios de las grabaciones audiovisuales que se utilicen para los actos de comunicación pública previstos en los párrafos f) y g) del apartado 2 del artículo 20 de esta Ley tienen obligación de pagar una remuneración equitativa y única a los artistas intérpretes o ejecutantes y a los productores de grabaciones audiovisuales, entre los cuales se efectuará el reparto de la misma. A falta de acuerdo entre ellos sobre dicho reparto, éste se realizará por partes iguales.

Los usuarios de grabaciones audiovisuales que se utilicen para cualquier acto de comunicación al público, distinto de los señalados en el párrafo anterior, tienen, asimismo, la obligación de pagar una remuneración equitativa y única a los artistas intérpretes o ejecutantes.

4. El derecho a las remuneraciones equitativas y únicas a que se refieren los apartados 2 y 3 del presente artículo se hará efectivo a través de las entidades de gestión de los derechos de propiedad intelectual. La efectividad de los derechos a través de las respectivas entidades de gestión comprenderá la negociación con los usuarios, la determinación, recaudación y distribución de la remuneración correspondiente, así como cualquier otra actuación necesaria para asegurar la efectividad de aquéllos.

Artículo 109. Distribución

El artistas intérprete o ejecutante tiene, respecto de la fijación de sus actuaciones, el derecho exclusivo de autorizar su distribución, según la definición establecida por el artículo 19.1 de esta Ley. Este derecho podrá transferirse, cederse o ser objeto de concesión de licencias contractuales. Cuando la distribución se efectúe mediante venta, en el ámbito de la Unión Europea, este derecho se extingue con la primera y, únicamente, respecto de las ventas sucesivas que se realicen en dicho ámbito por el titular del mismo o con su consentimiento.

A los efectos de este Título, se entiende por alquiler de fijaciones de las actuaciones la puesta a disposición de las mismas para su uso por tiempo limitado y con beneficio económico o comercial directo o indirecto.

Quedan excluidas del concepto de alquiler la puesta a disposición con fines de exposición, de comunicación pública a partir de fonogramas o de grabaciones audiovisuales, incluso de fragmentos de unos y otras, y la que se realice para consulta «in situ»:

1.º Cuando el artista intérprete o ejecutante celebre individual o colectivamente con un productor de grabaciones audiovisuales contratos relativos a la producción de las mismas, se presumirá que, salvo pacto en contrario en el contrato y a salvo del derecho irrenunciable a la remuneración equitativa a que se refiere el apartado siguiente, ha transferido sus derechos de alquiler.

2.º El artista intérprete o ejecutante que haya transferido o cedido a un productor de fonogramas o de grabaciones audiovisuales su derecho de alquiler respecto de un fonograma, o un original, o una copia de una grabación audiovisual, conservará el derecho irrenunciable a obtener una remuneración equitativa por el alquiler de los mismos. Tales remuneraciones serán exigibles de quienes lleven a efecto las operaciones de alquiler al público de los fonogramas o grabaciones audiovisuales en su condición de derechohabientes de los titulares de los correspondientes derechos de autorizar dicho alquiler y se harán efectivas a partir del 1 de enero de 1997.

El derecho contemplado en el párrafo anterior se hará efectivo a través de las entidades de gestión de los derechos de propiedad intelectual.

4. A los efectos de este Título, se entiende por préstamo de las fijaciones de las actuaciones la puesta a disposición de las mismas para su uso por tiempo limitado sin beneficio económico o comercial directo o indirecto, siempre que dicho préstamo se lleve a cabo a través de establecimientos accesibles al público.

Se entenderá que no existe beneficio económico o comercial directo ni indirecto cuando el préstamo efectuado por un establecimiento accesible al público dé lugar al pago de una cantidad que no exceda de lo necesario para cubrir sus gastos de funcionamiento.

Quedan excluidas del concepto de préstamo las operaciones mencionadas en el párrafo segundo del anterior apartado 3 y las que se efectúen entre establecimientos accesibles al público.

Artículo 110. Contrato de trabajo y de arrendamiento de servicios

Si la interpretación o ejecución se realiza en cumplimiento de un contrato de trabajo o de arrendamiento de servicios, se entenderá, salvo estipulación en contrario, que el empresario o el arrendatario adquieren sobre aquéllas los derechos exclusivos de autorizar la reproducción y comunicación pública previstos en este Título y que se deduzcan de la naturaleza y objeto del contrato.

Lo establecido en el párrafo anterior no será de aplicación a los derechos de remuneración reconocidos en los apartados 2 y 3 del artículo 108 de esta Ley.

Artículo 111. Representante de colectivo

Los artistas intérpretes o ejecutantes que participen colectivamente en una misma actuación, tales como los componentes de un grupo musical, coro, orquesta, ballet o compañía de teatro, deberán designar de entre ellos un representante para el otorgamiento de las autorizaciones mencionadas en este Título. Para tal designación que deberá formalizarse por escrito, valdrá el acuerdo mayoritario de los intérpretes. Esta obligación no alcanza a los solistas ni a los directores de orquesta o de escena.

Artículo 112. Duración de los derechos de explotación

Los derechos de explotación reconocidos a los artistas intérpretes o ejecutantes tendrán una duración de cincuenta años, computados desde el día 1 de enero del año siguiente al de la interpretación o ejecución.

No obstante, si, dentro de dicho período, se divulga lícitamente una grabación de la interpretación o ejecución, los mencionados derechos expirarán a los cincuenta años desde la divulgación de dicha grabación, computados desde el día 1 de enero del año siguiente a la fecha en que ésta se produzca.

Artículo 113. Otros derechos

El artista intérprete o ejecutante goza del derecho al reconocimiento de su nombre sobre sus interpretaciones o ejecuciones y a oponerse, durante su vida, a toda deformación, mutilación o cualquier otro atentado sobre su actuación que lesione su prestigio o reputación. A su fallecimiento y durante el plazo de los veinte años siguientes, el ejercicio de estos derechos corresponderá a los herederos.

Será necesaria la autorización expresa del artista para el doblaje de su actuación en su propia lengua.

Título II. Derechos de los productores de fonogramas

Artículo 114. Definiciones

Se entiende por fonograma toda fijación exclusivamente sonora de la ejecución de una obra o de otros sonidos.

Es productor de un fonograma la persona natural o jurídica bajo cuya iniciativa y responsabilidad se realiza por primera vez la mencionada fijación. Si dicha operación se efectúa en el seno de una empresa, el titular de ésta será considerado productor del fonograma.

Artículo 115. Reproducción

Corresponde al productor de fonogramas el derecho exclusivo de autorizar la reproducción, directa o indirecta, de los mismos.

Este derecho podrá transferirse, cederse o ser objeto de concesión de licencias contractuales.

Artículo 116. Comunicación pública[1]

Cuando la comunicación al público se realice vía satélite o por cable y en los términos previstos respectivamente en los apartados 3 y 4 del artículo 20 de esta Ley, será de aplicación lo dispuesto en tales preceptos.

Los usuarios de un fonograma publicado con fines comerciales, o de una reproducción de dicho fonograma que se utilice para cualquier forma de

---

[1] La Sentencia del Tribunal Supremo de 1 de marzo de 2001, declara la subsistencia del derecho exclusivo de los productores de fonogramas a autorizar la comunicación pública de éstos y de sus copias, reconocido en el artículo 109, apartado 1, de la Ley 22/1987, de 11 de noviembre, de Propiedad Intelectual, al considerar que el Gobierno se excedió en la Delegación que le había otorgado la Disposición final Segunda de la Ley 27/1995, de 11 de octubre, al aprobar el Texto Refundido de la Ley de Propiedad Intelectual

comunicación pública, tienen obligación de pagar una remuneración equitativa y única a los productores de fonogramas y a los artistas intérpretes o ejecutantes, entre los cuales se efectuará el reparto de la misma. A falta de acuerdo entre ellos sobre dicho reparto, éste se realizará por partes iguales.

El derecho a la remuneración equitativa y única a que se refiere el apartado anterior se hará efectivo a través de las entidades de gestión de los derechos de propiedad intelectual. La efectividad de este derecho a través de las respectivas entidades de gestión comprenderá la negociación con los usuarios, la determinación, recaudación y distribución de la remuneración correspondiente, así como cualquier otra actuación necesaria para asegurar la efectividad de aquél.

Artículo 117. Distribución

Corresponde al productor de fonogramas el derecho exclusivo de autorizar la distribución, según la definición establecida en el artículo 19.1 de esta Ley, de los fonogramas y la de sus copias. Este derecho podrá transferirse, cederse o ser objeto de la concesión de licencias contractuales.

Cuando la distribución se efectúe mediante venta en el ámbito de la Unión Europea, este derecho se extingue con la primera y, únicamente, respecto de las ventas sucesivas que se realicen en dicho ámbito por el titular del mismo o con su consentimiento.

3. Se considera comprendida en el derecho de distribución la facultad de autorizar la importación y exportación de copias del fonograma con fines de comercialización.

4. A los efectos de este Título, se entiende por alquiler de fonogramas la puesta a disposición de los mismos para su uso por tiempo limitado y con un beneficio económico o comercial directo o indirecto. Quedan excluidas del concepto de alquiler la puesta a disposición con fines de exposición, de comunicación pública a partir de fonogramas o de fragmentos de éstos, y la que se realice para consulta «in situ».

5. A los efectos de este Título se entiende por préstamo de fonogramas la puesta a disposición para su uso, por tiempo limitado, sin beneficio econó-

mico o comercial, directo ni indirecto, siempre que dicho préstamo se lleve a cabo a través de establecimientos accesibles al público.

Se entenderá que no existe beneficio económico o comercial, directo ni indirecto, cuando el préstamo efectuado por un establecimiento accesible al público dé lugar al pago de una cantidad que no exceda de lo necesario para cubrir sus gastos de funcionamiento.

Quedan excluidas del concepto de préstamo las operaciones mencionadas en el párrafo segundo del anterior apartado 4 y las que se efectúen entre establecimientos accesibles al público.

Artículo 118. Legitimación activa

En los casos de infracción de los derechos reconocidos en los artículos 115 y 117 corresponderá el ejercicio de las acciones procedentes tanto al productor fonográfico como al cesionario de los mismos.

Artículo 119. Duración de los derechos de explotación

La duración de los derechos de explotación reconocidos a los productores de fonogramas será de cincuenta años, computados desde el día 1 de enero del año siguiente al de su grabación.

No obstante, si, dentro de dicho período, el fonograma se divulga lícitamente, los citados derechos expirarán a los cincuenta años desde la divulgación, computados desde el día 1 de enero del año siguiente a la fecha en que ésta se produzca.

Título III. Derechos de los productores de las grabaciones audiovisuales

Artículo 120. Definiciones

Se entiende por grabaciones audiovisuales las fijaciones de un plano o secuencia de imágenes, con o sin sonido, sean o no creaciones susceptibles de ser calificadas como obras audiovisuales en el sentido del artículo 86 de esta Ley.

Se entiende por productor de una grabación audiovisual, la persona natural o jurídica que tenga la iniciativa y asuma la responsabilidad de dicha grabación audiovisual.

Artículo 121. Reproducción

Corresponde al productor de la primera fijación de una grabación audiovisual el derecho exclusivo de autorizar la reproducción, directa o indirecta, del original y de las copias de la misma.

Este derecho podrá transferirse, cederse o ser objeto de concesión de licencias contractuales.

Artículo 122. Comunicación pública

1. Corresponde al productor de grabaciones audiovisuales el derecho de autorizar la comunicación pública de éstas.

Cuando la comunicación al público se realice por cable y en los términos previstos en el apartado 4 del artículo 20 de esta Ley, será de aplicación lo dispuesto en dicho precepto.

Los usuarios de las grabaciones audiovisuales que se utilicen para los actos de comunicación pública previstos en los párrafos f) y g) del apartado 2 del artículo 20 de esta Ley tienen obligación de pagar una remuneración equitativa y única a los productores de grabaciones audiovisuales y a los artistas intérpretes o ejecutantes, entre los cuales se efectuará el reparto de la misma. A falta de acuerdo entre ellos sobre dicho reparto, éste se realizará por partes iguales.

El derecho a la remuneración equitativa y única a que se refiere el apartado anterior se hará efectivo a través de las entidades de gestión de los derechos de propiedad intelectual. La efectividad de este derecho a través de las respectivas entidades de gestión comprenderá la negociación con los usuarios, la determinación, recaudación y distribución de la remuneración correspondiente, así como cualquier otra actuación necesaria para asegurar la efectividad de aquél.

Artículo 123. Distribución

Corresponde al productor de la primera fijación de una grabación audiovisual el derecho exclusivo de autorizar la distribución, según la definición establecida en el artículo 19.1 de esta Ley, del original y de las copias de la misma. Este derecho podrá transferirse, cederse o ser objeto de concesión de licencias contractuales.

Cuando la distribución se efectúe mediante venta, en el ámbito de la Unión Europea, este derecho se extingue con la primera y, únicamente, respecto de las ventas sucesivas que se realicen en dicho ámbito por el titular del mismo o con su consentimiento.

3. A los efectos de este Título, se entiende por alquiler de grabaciones audiovisuales la puesta a disposición para su uso por tiempo limitado y con un beneficio económico o comercial directo o indirecto.

Quedan excluidas del concepto de alquiler la puesta a disposición con fines de exposición, la comunicación pública a partir de la primera fijación de una grabación audiovisual y sus copias, incluso de fragmentos de una y otras, y a las que se realice para consulta «in situ».

4. A los efectos de este Título, se entiende por préstamo de las grabaciones audiovisuales la puesta a disposición para su uso por tiempo limitado sin beneficio económico o comercial, directo ni indirecto, siempre que dicho préstamo se lleve a cabo a través de establecimientos accesibles al público.

Se entenderá que no existe beneficio económico o comercial directo ni indirecto cuando el préstamo efectuado por un establecimiento accesible al público dé lugar al pago de una cantidad que no exceda de lo necesario para cubrir sus gastos de funcionamiento.

Quedan excluidas del concepto de préstamo las operaciones mencionadas en el párrafo segundo del anterior apartado 3 y las que se efectúen entre establecimientos accesibles al público.

Artículo 124. Otros derechos de explotación

Le corresponden al productor de los derechos de explotación de las fotografías que fueren realizadas en el proceso de producción de la grabación audiovisual.

Artículo 125. Duración de los derechos de explotación

La duración de los derechos de explotación reconocidos a los productores de la primera fijación de una grabación audiovisual será de cincuenta años, computados desde el día 1 de enero del año siguiente al de su realización. No obstante, si, dentro de dicho período, la grabación se divulga lícitamente, los citados derechos expirarán a los cincuenta años desde la divulgación, computados desde el día 1 de enero del año siguiente a la fecha en que ésta se produzca.

Título IV. Derechos de las entidades de radiodifusión

Artículo 126. Derechos exclusivos

1. Las entidades de radiodifusión gozan del derecho exclusivo de autorizar:
a) La fijación de sus emisiones o transmisiones en cualquier soporte sonoro
o visual. A los efectos de este apartado, se entiende incluida la fijación de alguna imagen aislada difundida en la emisión o transmisión.
No gozarán de este derecho las empresas de distribución por cable cuando retransmitan emisiones o transmisiones de entidades de radiodifusión.
b) la reproducción de las fijaciones de sus emisiones o transmisiones. Este derecho podrá transferirse, cederse
o ser objeto de concesión de licencia contractuales.
c) la retransmisión por cualquier procedimiento técnico de sus emisiones o transmisiones.
d) La comunicación pública de sus emisiones o transmisiones de radiodifusión, cuando tal comunicación se efectúe en lugares a los que el público pueda acceder mediante el pago de una cantidad en concepto de derecho de admisión o de entrada.

Cuando la comunicación al público se realice vía satélite o por cable y en los términos previstos en los apartados 3 y 4 del artículo 20 de esta Ley, será de aplicación lo dispuesto en tales preceptos.

e) La distribución de las fijaciones de sus emisiones o transmisiones.

Cuando la distribución se efectúe mediante venta, en el ámbito de la Unión Europea, este derecho se extingue con la primera y, únicamente, respecto de las ventas sucesivas que se produzcan en dicho ámbito por el titular del mismo o con su consentimiento.

Este derecho podrá transferirse, cederse o ser objeto de concesión de licencias contractuales.

2. Los conceptos de emisión y transmisión incluyen, respectivamente, las operaciones mencionadas en los párrafos c) y e) del apartado 2 del artículo 20 de la presente Ley, y el de retransmisión, la difusión al público por una entidad que emita o difunda emisiones de otra, recibidas a través de uno cualquiera de los mencionados satélites.

Artículo 127. Duración de los derechos de explotación

Los derechos de explotación reconocidos a las entidades de radiodifusión durarán cincuenta años computados desde el día 1 de enero del año siguiente al de la realización por vez primera de una emisión o transmisión.

Título V. La protección de las meras fotografías

Artículo 128. De las meras fotografías

Quien realice una fotografía u otra reproducción obtenida por procedimiento análogo a aquélla, cuando ni una ni otra tengan el carácter de obras protegidas en el Libro I, goza del derecho exclusivo de autorizar su reproducción, distribución y comunicación pública, en los mismos términos reconocidos en la presente Ley a los autores de obras fotográficas. Este derecho tendrá una duración de veinticinco años computados desde el día 1 de enero del año siguiente a la fecha de realización de la fotografía o reproducción.

Título VI. La protección de determinadas producciones editoria-

les

Artículo 129. obras inéditas en dominio público y obras no protegidas

Toda persona que divulgue lícitamente una obra inédita que esté en dominio público tendrá sobre ella los mismos derechos de explotación que hubieran correspondido a su autor.

Del mismo modo, los editores de obras no protegidas por las disposiciones del Libro I de la presente Ley, gozarán del derecho exclusivo de autorizar la reproducción, distribución y comunicación pública de dichas ediciones siempre que puedan ser individualizadas por su composición tipográfica, presentación y demás características editoriales.

Artículo 130. Duración de los derechos

Los derechos reconocidos en el apartado 1 del artículo anterior durarán veinticinco años, computados desde el día 1 de enero del año siguiente al de la divulgación lícita de la obra.

Los derechos reconocidos en el apartado 2 del artículo anterior durarán veinticinco años, computados desde el día 1 de otros derechos de propiedad intelectual.

Artículo 131. Cláusula de salvaguardia de los derechos de autor

Los otros derechos de propiedad intelectual reconocidos en este Libro II se entenderán sin perjuicio de los que correspondan a los autores.

Artículo 132. Aplicación subsidiaria de disposiciones del Libro I

Las disposiciones contenidas en la sección 2.ª del capítulo III, del Título II y en el capítulo II del Título III, ambos del Libro I de la presente Ley, se aplicarán, con carácter subsidiario y en lo pertinente, a los otros derechos de propiedad intelectual regulados en el presente Libro.

Título VIII. Derecho «sui generis» sobre las bases de datos

Artículo 133. Objeto de protección

1. El derecho «sui generis» sobre una base de datos protege la inversión sustancial, evaluada cualitativa o cuantitativamente, que realiza su fabricante ya sea de medios financieros, empleo de tiempo, esfuerzo, energía u otros de similar naturaleza, para la obtención, verificación o presentación de su contenido.

Mediante el derecho al que se refiere el párrafo anterior, el fabricante de una base de datos, definida en el artículo 12.2 del presente texto refundido de la Ley de Propiedad Intelectual, puede prohibir la extracción y/o reutilización de la totalidad o de una parte sustancial del contenido de ésta, evaluada cualitativa o cuantitativamente, siempre que la obtención, la verificación o la presentación de dicho contenido representen una inversión sustancial desde el punto de vista cuantitativo o cualitativo. Este derecho podrá transferirse, cederse o darse en licencia contractual.

No obstante lo dispuesto en el párrafo segundo del apartado anterior, no estarán autorizadas la extracción y/o reutilización repetidas o sistemáticas de partes no sustanciales del contenido de una base de datos que supongan actos contrarios a una explotación normal de dicha base que causen un perjuicio injustificado a los intereses legítimos del fabricante de la base.

A los efectos del presente Título se entenderá por:

a) Fabricante de la base de datos, la persona natural o jurídica que toma la iniciativa y asume el riesgo de efectuar las inversiones sustanciales orientadas a la obtención, verificación o presentación de su contenido.

b) Extracción, la transferencia permanente o temporal de la totalidad o de una parte sustancial del contenido de una base de datos a otro soporte cualquiera que sea el medio utilizado o la forma en que se realice.

c) Reutilización, toda forma de puesta a disposición del público de la totalidad o de una parte sustancial del contenido de la base mediante la distribución de copias en forma de venta u otra transferencia de su propiedad o por alquiler, o mediante transmisión en línea o en otras formas. A la distribución de copias en forma de venta en el ámbito de la Unión

Europea le será de aplicación lo dispuesto en el apartado 2 del artículo 19 de la presente Ley.

4. El derecho contemplado en el párrafo segundo del anterior apartado 1 se aplicará con independencia de la posibilidad de que dicha base de datos o su contenido esté protegida por el derecho de autor o por otros derechos. La protección de las bases de datos por el derecho contemplado en el párrafo segundo del anterior apartado 1 se entenderá sin perjuicio de los derechos existentes sobre su contenido.

Artículo 134. Derechos y obligaciones del usuario legítimo

1. El fabricante de una base de datos, sea cual fuere la forma en que haya sido puesta a disposición del público, no podrá impedir al usuario legítimo de dicha base extraer y/o reutilizar partes no sustanciales de su contenido, evaluadas de forma cualitativa o cuantitativa, con independencia del fin a que se destine.

En los supuestos en que el usuario legítimo esté autorizado a extraer y/o reutilizar solo parte de la base de datos, lo dispuesto en el párrafo anterior se aplicará únicamente a dicha parte.

2. El usuario legítimo de una base de datos, sea cual fuere la forma en que haya sido puesta a disposición del público, no podrá efectuar los siguientes actos:

a) Los que sean contrarios a una explotación normal de dicha base o lesionen injustificadamente los intereses legítimos del fabricante de la base.

b) Los que perjudiquen al titular de un derecho de autor o de uno cualquiera de los derechos reconocidos en los Títulos I a VI del Libro II de la presente Ley que afecten a obras o prestaciones contenidas en dicha base.

3. Cualquier pacto en contrario a lo establecido en esta disposición será nulo de pleno derecho.

Artículo 135. Excepciones al derecho «sui generis»

1. El usuario legítimo de una base de datos, sea cual fuere la forma en que ésta haya sido puesta a disposición del público podrá, sin autorización del fabricante de la base, extraer y/o reutilizar una parte sustancial del contenido de la misma, en los siguientes casos:

a) Cuando se trate de una extracción para fines privados del contenido de una base de datos no electrónica.

b) Cuando se trate de una extracción con fines ilustrativos de enseñanza o de investigación científica en la medida justificada por el objetivo no comercial que se persiga y siempre que se indique la fuente.

c) Cuando se trate de una extracción y/o reutilización para fines de seguridad pública o a efectos de un procedimiento administrativo o judicial.

2. Las disposiciones del apartado anterior no podrán interpretarse de manera tal que permita su aplicación de forma que cause un perjuicio injustificado a los intereses legítimos del titular del derecho o que vaya en detrimento de la explotación normal del objeto protegido.

Artículo 136. Plazo de protección

El derecho contemplado en el artículo 133 nacerá en el mismo momento en que se dé por finalizado el proceso de fabricación de la base de datos, y expirará quince años después del 1 de enero del año siguiente a la fecha en que haya terminado dicho proceso.

En los casos de bases de datos puestas a disposición del público antes de la expiración del período previsto en el apartado anterior, el plazo de protección expirará a los quince años, contados desde el 1 de enero siguiente a la fecha en que la base de datos hubiese sido puesta a disposición del público por primera vez.

Cualquier modificación sustancial, evaluada de forma cuantitativa o cualitativa del contenido de una base de datos y, en particular, cualquier modificación sustancial que resulte de la acumulación de adiciones, supresiones o cambios sucesivos que conduzcan a considerar que se trata de una nueva inversión sustancial, evaluada desde un punto de vista cuantitativo o cualitativo, permitirá atribuir a la base resultante de dicha inversión un plazo de protección propio.

Artículo 137. Salvaguardia de aplicación de otras disposiciones

Lo dispuesto en el presente Título se entenderá sin perjuicio de cualesquiera otras disposiciones legales que afecten a la estructura o al contenido de una base de datos tales como las relativas al derecho de autor u otros derechos de propiedad intelectual, al derecho de propiedad industrial, derecho de la competencia, derecho contractual, secretos, protección de los datos de carácter personal, protección de los tesoros nacionales o sobre el acceso a los documentos públicos.

Libro III. De la protección de los derechos reconocidos en esta Ley

Título I. Acciones y procedimientos

Artículo 138. Acciones y medidas cautelares urgentes

El titular de los derechos reconocidos en esta Ley, sin perjuicio de otras acciones que le correspondan, podrá instar el cese de la actividad ilícita del infractor y exigir la indemnización de los daños materiales y morales causados, en los términos previstos en los artículos 139 y 140.

Asimismo, podrá solicitar con carácter previo la adopción de las medidas cautelares de protección urgente reguladas en el artículo 141.

Artículo 139. Cese de la actividad ilícita

1. El cese de la actividad ilícita podrá comprender:

a) La suspensión de la explotación infractora.

b) La prohibición al infractor de reanudarla.

c) La retirada del comercio de los ejemplares ilícitos y su destrucción.

d) La inutilización y, en caso necesario, destrucción de los moldes, planchas, matrices, negativos y demás elementos destinados exclusivamente a la reproducción de ejemplares ilícitos y de los instrumentos cuyo único uso sea facilitar la supresión o neutralización, no autorizadas, de cualquier dispositivo técnico utilizado para proteger un programa de ordenador.

e) La remoción o el precinto de los aparatos utilizados en la comunicación pública no autorizada.

2. El infractor podrá solicitar que la destrucción o inutilización de los mencionados ejemplares y material, cuando éstos sean susceptibles de otras utilizaciones, se efectúe en la medida necesaria para impedir la explotación ilícita.

El titular del derecho infringido podrá pedir la entrega de los referidos ejemplares y material a precio de coste y a cuenta de su correspondiente indemnización de daños y perjuicios.

Lo dispuesto en este artículo no se aplicará a los ejemplares adquiridos de buena fe para uso personal.

Artículo 140. Indemnización

El perjudicado podrá optar, como indemnización, entre el beneficio que hubiere obtenido presumiblemente, de no mediar la utilización ilícita, o la remuneración que hubiera percibido de haber autorizado la explotación.

En caso de daño moral procederá su indemnización, aún no probada la existencia de perjuicio económico. Para su valoración se atenderá a las circunstancias de la infracción, gravedad de la lesión y grado de difusión ilícita de la obra.

La acción para reclamar los daños y perjuicios a que se refiere este artículo prescribirá a los cinco años desde que el legitimado pudo ejercitarla.

Artículo 141. Medidas cautelares

En caso de infracción o cuando exista temor racional y fundado de que ésta va a producirse de modo inminente, la autoridad judicial podrá decretar, a instancia de los titulares de los derechos reconocidos en esta Ley, las medidas cautelares que, según las circunstancias, fuesen necesarias para la protección urgente de tales derechos, y en especial:

1. La intervención y el depósito de los ingresos obtenidos por la actividad ilícita de que se trate o, en su caso, la consagración

o depósito de las cantidades debidas en concepto de remuneración.

La suspensión de la actividad de reproducción, distribución y comunicación pública, según proceda.

El secuestro de los ejemplares producidos o utilizados y el del material empleado exclusivamente para la reproducción o comunicación pública. En el caso de los programas de ordenador, se podrá acordar el secuestro de los instrumentos referidos en el artículo 102 párrafo c).

4. El embargo de los equipos, aparatos y materiales a que se refiere el apartado 20 del artículo 25 de esta Ley.

Artículo 142. Procedimiento

Las medidas cautelares de protección urgente previstas en el artículo anterior serán de tramitación preferente y se adoptarán con arreglo a lo establecido en las siguientes normas:

1.ª Serán competentes los Jueces de Primera Instancia en cuya jurisdicción tenga efecto la infracción o existan indicios racionales de que ésta va a producirse o en la que se hayan descubierto los ejemplares que se consideren ilícitos, a elección del solicitante de las medidas. No obstante, una vez presentada la demanda principal, será único Juez competente para cuanto se relacione con la medida adoptada, el que conozca de aquella.

Asimismo, cuando la medida se solicite al tiempo de interponer la demanda en el juicio declarativo correspondiente o durante la sustanciación de éste, será competente para su resolución, respectivamente, el Juez o Tribunal al que corresponda conocer de dicha demanda o el que ya estuviere conociendo del pleito.

2.ª La medida se solicitará por escrito firmado por el interesado o su representante legal o voluntario, no siendo necesaria la intervención de procurador ni la asistencia de letrado, excepto en los casos previstos en el párrafo segundo de la norma 10.

3.ª Dentro de los diez días siguientes al de la presentación del escrito, del que se dará traslado a las partes, el Juez oirá a las que concurran a la comparecencia y resolverá, en todo caso, mediante auto al día siguiente de la finalización del plazo anterior. El auto será apelable en un solo efecto. No obstante lo anterior, en el caso de protección de los programas de ordenador y antes de dar traslado del escrito a las partes, el Juez podrá requerir los informes u ordenar las investigaciones que estime oportunas.

4.ª Cualquiera de las partes podrá solicitar la práctica de la prueba de reconocimiento judicial, y si ésta fuera admitida, se llevará a efecto de inmediato.

5.ª Antes de la resolución o en la misma, el Juez si lo estima necesario, podrá exigir al solicitante fianza bastante, excluida la personal, para responder de los perjuicios y cosas que se puedan ocasionar.

6.ª Si las medidas se hubieran solicitado antes de entablarse la demanda, ésta habrá de interponerse dentro de los ocho días siguientes a la concesión de aquéllas. En todo caso, el solicitante podrá reiterar la petición de medidas cautelares, siempre que aparezcan hechos nuevos relativos a la infracción u obtuviere pruebas de las que hubiese carecido anteriormente.(DEROGADO)

La Disposición derogatoria única de la Ley 1/2000, de 7 de enero, de Enjuiciamiento Civil, en su apartado 13.º deroga este artículo.

Artículo 143. Causas criminales

En las causas criminales que se sigan por infracción de los derechos reconocidos en esta Ley, podrán adoptarse las medidas cautelares procedentes en procesos civiles, conforme a lo dispuesto en la Ley de Enjuiciamiento Civil. Estas medidas no impedirán la adopción de cualesquiera otras establecidas en la legislación procesal penal. (Según la redacción dada por la Disposición final segunda de la Ley 1/2000, de 7 de enero, de Enjuiciamiento Civil).

Título II. El Registro de la Propiedad Intelectual

Artículo 144. Organización y funcionamiento

El Registro General de la Propiedad Intelectual tendrá carácter único en todo el territorio nacional. Reglamentariamente se regulará su ordenación, que incluirá en todo caso, la organización y funciones del Registro Central dependiente del Ministerio de Cultura y las normas comunes sobre procedimiento de inscripción y medidas de coordinación e información entre todas las Administraciones públicas competentes.

Las Comunidades Autónomas determinarán la estructura y funcionamiento del Registro en sus respectivos territorios, y asumirán su llevanza, cumpliendo en todo caso las normas comunes a que se refiere el apartado anterior.

Artículo 145. Régimen de las inscripciones

Podrán ser objeto de inscripción en el Registro los derechos de propiedad intelectual relativos a las obras y demás producciones protegidas por la presente Ley.

El Registrador calificará las solicitudes presentadas y la legalidad de los actos y contratos relativos a los derechos inscribibles, pudiendo denegar o suspender la práctica de los asientos correspondientes. Contra el acuerdo del Registrador podrán ejercitarse directamente ante la jurisdicción civil las acciones correspondientes.

Se presumirá, salvo prueba en contrario, que los derechos inscritos existen y pertenecen a su titular en la forma determinada en el asiento respectivo.

El Registro será público, sin perjuicio de las limitaciones que puedan establecerse al amparo de lo previsto en el artículo 101 de esta Ley.

Título III. Símbolos o indicaciones de la reserva de derechos

Artículo 146. Símbolos o indicaciones

El titular o cesionario en exclusiva de un derecho de explotación sobre una obra o producción protegidas por esta Ley podrá anteponer a su nombre el símbolo (c) con precisión del lugar y año de la divulgación de aquéllas.

Asimismo, en las copias de los fonogramas o en sus envolturas se podrá anteponer al nombre del productor o de su cesionario, el símbolo (p), indicando el año de la publicación.

Los símbolos y referencias mencionados deberán hacerse constar en modo y colocación tales que muestren claramente que los derechos de explotación están reservados.

Título IV. Las entidades de gestión de los derechos reconocidos

en la Ley

Artículo 147. Requisitos

Las entidades legalmente constituidas que pretendan dedicarse, en nombre propio o ajeno, a la gestión de derechos de explotación u otros de carácter patrimonial, por cuenta y en interés de varios autores u otros titulares de derechos de propiedad intelectual, deberán obtener la oportuna autorización del Ministerio de Cultura, que habrá de publicarse en el «Boletín Oficial del Estado».

Estas entidades no podrán tener ánimo de lucro y, en virtud de la autorización, podrán ejercer los derechos de propiedad intelectual confiados a su gestión y tendrán los derechos y obligaciones que en este Título se establecen.

Artículo 148. Condiciones de la autorización

1. La autorización prevista en el artículo anterior solo se concederá si concurren las siguientes condiciones:

a) que los estatutos de la entidad solicitante cumplan los requisitos establecidos en este Título.

b) Que los datos aportados y de la información practicada se desprenda que la entidad solicitante reúne las condiciones necesarias para asegurar la eficaz administración de los derechos, cuya gestión le va a ser encomendada, en todo el territorio nacional.

c) Que la autorización favorezca los intereses generales de la protección de la propiedad intelectual en España.

2. Para valorar la concurrencia de las condiciones establecidas en los párrafos b) y c) del apartado anterior, se tendrán, particularmente, en cuenta el número de titulares de derechos que se hayan comprometido a confiarle la gestión de los mismos, en caso de que sea autorizada, el volumen de usuarios potenciales, la idoneidad de sus estatutos y sus medios para el cumplimiento de sus fines, la posible efectividad de su gestión en el extranjero y, en su caso, el informe de las entidades de gestión ya autorizadas.

Artículo 149. Revocación de la autorización

La autorización podrá ser revocada por el Ministerio de Cultura si sobreviniera o se pusiera de manifiesto algún hecho que pudiera haber originado la denegación de la autorización, o si la entidad de gestión incumpliera gravemente las obligaciones establecidas en este Título. En los tres supuestos deberá mediar un previo apercibimiento del Ministerio de Cultura, que fijará un plazo no inferior a tres meses para la subsanación o corrección de los hechos señalados.

La revocación producirá sus efectos a los tres meses de su publicación en el «Boletín Oficial del Estado».

Artículo 150. Legitimación

Las entidades de gestión, una vez autorizadas, estarán legitimadas en los términos que resulten de sus propios estatutos, para ejercer los derechos confiados a su gestión y hacerlos valer en toda clase de procedimientos administrativos o judiciales.

Para acreditar dicha legitimación, la entidad de gestión únicamente deberá aportar al inicio del proceso copia de sus estatutos y certificación acreditativa de su autorización administrativa. El demandado solo podrá fundar su oposición en la falta de representación de la actora, la autorización del titular del derecho exclusivo o el pago de la remuneración correspondiente. (Artículo según la redacción dada por la Disposición final segunda de la Ley 1/2000, de 7 de enero, de Enjuiciamiento Civil)

Artículo 151. Estatutos

Sin perjuicio de lo que dispongan otras normas que les sean de aplicación, en los estatutos de las entidades de gestión se hará constar:

La denominación, que no podrá ser idéntica a la de otras entidades, ni tan semejante que pueda inducir a confusiones.

El objeto o fines, con especificación de los derechos administrados, no pudiendo dedicar su actividad fuera del ámbito de la protección de los derechos de propiedad intelectual.

Las clases de titulares de derechos comprendidos en la gestión y, en su caso, las distintas categorías de aquéllos a efectos de su participación en la administración de la entidad.

Las condiciones para la adquisición y pérdida de la cualidad de socio. En todo caso, los socios deberán ser titulares de derechos de los que haya de gestionar la entidad, y el número de ellos no podrá ser inferior a diez.

Los derechos de los socios y, en particular, el régimen de voto, que podrá establecerse teniendo en cuenta criterios de ponderación que limiten razonablemente el

voto plural. En materia relativa a sanciones de exclusión de socios, el régimen de voto será igualitario.

Los deberes de los socios y su régimen disciplinario.

Los órganos de gobierno y representación de la entidad y su respectiva competencia, así como las normas relativas a la convocatoria, constitución y funcionamiento de los de carácter colegiado, con prohibición expresa de adoptar acuerdos respecto de los asuntos que no figuren en el orden del día.

El procedimiento de elección de los socios administradores.

El patrimonio inicial y los recursos económicos previstos.

Las reglas a que han de someterse los sistemas de reparto de la recaudación.

El régimen de control de la gestión económica y financiera de la entidad.

El destino del patrimonio o activo neto resultante en los supuestos de liquidación de la entidad que, en ningún caso, podrá ser objeto de reparto entre los socios.

Artículo 152. Obligaciones de administrar los derechos de propiedad intelectual conferidos

Las entidades de gestión están obligadas a aceptar la administración de los derechos de autor y otros derechos de propiedad intelectual que les sean encomendados de acuerdo con su objeto o fines. Dicho encargo lo desempeñarán con sujeción a sus estatutos y demás normas aplicables al efecto.

Artículo 153. Contrato de gestión

1. La gestión de los derechos será encomendada por sus titulares a la entidad mediante contrato cuya duración no podrá ser superior a cinco años, indefinidamente renovables, ni podrá imponer como obligatoria la gestión de todas las modalidades de explotación ni la de la totalidad de la obra o producción futura.

2. Las entidades deberán establecer en sus estatutos las adecuadas disposiciones para asegurar una gestión libre de influencias de los usuarios de su repertorio y para evitar una injusta utilización preferencial de sus obras.

Artículo 154. Reparto de derechos

1. El reparto de los derechos recaudados se efectuará equitativamente entre los titulares de las obras o producciones utilizadas, con arreglo a un sistema predeterminado en los estatutos y que excluya la arbitrariedad.

2. Las entidades de gestión deberán reservar a los titulares una participación en los derechos recaudados proporcional a la utilización de sus obras.

Artículo 155. Función social

Las entidades de gestión deberán, directamente o por medio de otras entidades, promover actividades o servicios de carácter asistencial en beneficio de sus socios, así como atender actividades de formación y promoción de autores y artistas intérpretes o ejecutantes.

Las entidades de gestión deberán dedicar a las actividades y servicios a que se refiere el apartado anterior, por partes iguales, el porcentaje de la remuneración compensatoria prevista en el artículo 25 de esta Ley, que reglamentariamente se determine.

Artículo 156. Documentación contable

Dentro de los seis meses siguientes al cierre de cada ejercicio, la entidad confeccionará el correspondiente balance y una memoria de las actividades realizadas durante la anualidad anterior.

Sin perjuicio de lo dispuesto en la normativa aplicable, el balance y la documentación contable serán sometidos a verificación por expertos o sociedades de expertos, legalmente competentes, nombrados en la Asamblea general de la entidad celebrada el año anterior o en el de su constitución. Los estatutos establecerán las normas con arreglo a las cuales habrá de ser designado otro auditor, por la minoría.

El balance, con nota de haber obtenido

o no el informe favorable del auditor, se pondrá a disposición de los socios en el domicilio legal y delegaciones territoriales de la entidad, con una antelación mínima de quince días al de la celebración de la Asamblea general en la que haya de ser aprobado.

Artículo 157. Otras obligaciones

1. las entidades de gestión están obligadas:

a) A contratar con quien lo solicite, salvo motivo justificado, la concesión de autorizaciones no exclusivas de los derechos gestionados, en condiciones razonables y bajo remuneración.

b) A establecer tarifas generales que determinen la remuneración exigida por la utilización de su repertorio, que deberán prever reducciones para las entidades culturales que carezcan de finalidad lucrativa.

c) A celebrar contratos generales con asociaciones de usuarios de su repertorio, siempre que aquéllas lo soliciten y sean representativas del sector correspondiente.

En tanto las partes no lleguen a un acuerdo, la autorización correspondiente se entenderá concedida si el solicitante hace efectiva bajo reserva o consigna judicialmente la cantidad exigida por la entidad de gestión de acuerdo con las tarifas generales.

Lo dispuesto en los apartados anteriores no será de aplicación a la gestión de derechos relativos a las obras literarias, dramáticas, dramático-musicales, coreográficas o de pantomima, ni respecto de la utilización singular de una o varias obras de cualquier clase que requiere la autorización individualizada de su titular.

4. Asimismo, las entidades de gestión están obligadas a hacer efectivos los derechos a una remuneración equitativa correspondientes a los distintos supuestos previstos en esta Ley y a ejercitar el derecho de autorizar la distribución por cable.

Artículo 158. Comisión Mediadora y Arbitral de la Propiedad Intelectual

Se crea en el Ministerio de Cultura, para el ejercicio de las funciones de mediación y arbitraje que le atribuye la presente Ley y con el carácter de órgano colegiado de ámbito nacional, la Comisión Mediadora y Arbitral de la Propiedad Intelectual.

1. La Comisión actuará en su función de mediación:

a) Colaborando en las negociaciones, previo sometimiento de las partes, para el caso de que no llegue a celebrarse un contrato, para la autorización de la distribución por cable de una emisión de radiodifusión, por falta de acuerdo entre los titulares de los derechos de propiedad intelectual y las empresas de distribución por cable.

b) Presentando, en su caso, propuestas a las partes.

Se considerará que todas las partes aceptan la propuesta a que se refiere el párrafo anterior, si ninguna de ellas expresa su oposición en un plazo de tres meses. En este supuesto, la resolución de la Comisión surtirá los efectos previstos en la Ley 36/1998, de 5 de diciembre, de Arbitraje, y será revisable ante el orden jurisdiccional civil.

La propuesta y cualquier oposición a la misma se notificará a las partes, de conformidad con lo dispuesto en los artículos 58 y 59 de la Ley 30/1992, de 26 de noviembre, de Régimen Jurídico de las Administraciones Públicas y del Procedimiento Administrativo Común.

El procedimiento mediador, así como la composición de la Comisión a efectos de mediación, se determinarán reglamentariamente, teniendo derecho, en todo caso, a formar parte de la misma, en cada asunto en que intervengan, dos representantes de las entidades de gestión de los derechos de propiedad intelectual objeto de negociación y otros dos de las empresas de distribución por cable.

2. La Comisión actuará en su función de arbitraje:

a) Dando solución, previo sometimiento de las partes, a los conflictos que, en aplicación de lo dispuesto en el apartado 1 del artículo anterior, puedan producirse entre las entidades de gestión y las asociaciones de usuarios de su repertorio

o entre aquéllas y las entidades de radiodifusión. El sometimiento de las partes a la Comisión será voluntario y deberá constar expresamente por escrito.

2) Fijando una cantidad sustitutorio de las tarifas generales, a los efectos señalados en el apartado 2 del artículo anterior, a solicitud de una asociación de usuarios o de una entidad de radiodifusión, siempre que éstas se sometan, por su parte, a la competencia de la Comisión con el objeto previsto en el párrafo a) de este apartado.

3. Reglamentariamente se determinarán, para el ejercicio de su función de arbitraje, el procedimiento y composición de la Comisión, teniendo derecho, en todo caso, a formar parte de la misma, en cada asunto en que intervengan, dos representantes de las entidades de gestión y otros dos de la asociación de usuarios o de la entidad de radiodifusión.

La decisión de la Comisión tendrá carácter vinculante y ejecutivo para las partes.

Lo determinado en este artículo se entenderá sin perjuicio de las acciones que puedan ejercitarse ante la jurisdicción competente. No obstante, el planteamiento de la controversia sometida a decisión arbitral ante la Comisión impedirá a los Jueces y Tribunales conocer de la misma, hasta tanto haya sido dictada la resolución y siempre que la parte interesada lo invoque mediante excepción.

Artículo 159. Facultades del Ministerio de Cultura

1. Corresponde al Ministerio de Cultura, además de la facultad de otorgar o revocar la autorización regulada en los artículos 148 y 149, la vigilancia sobre el cumplimiento de las obligaciones y requisitos establecidos en esta Ley. A estos efectos, el Ministerio de Cultura podrá exigir de estas entidades cualquier tipo de información, ordenar inspecciones y auditorías y designar un representante que asista con voz pero sin voto a sus Asambleas generales, Consejos de Administración u órganos análogos.

2. Las modificaciones de los estatutos de las entidades de gestión, sin perjuicio de lo dispuesto por otras normas de aplicación, una vez aprobadas por su respectiva Asamblea general, deberán someterse a la aprobación del Ministerio de Cultura, que se entenderá concedida, si no se notifica resolución en contrario, en el plazo de tres meses desde su presentación.
3. Las entidades de gestión están obligadas a notificar al Ministerio de Cultura los nombramientos y ceses de sus administradores y apoderados, las tarifas generales y sus modificaciones, los contratos generales celebrados con asociaciones de usuarios y los concertados con organizaciones extranjeras de su misma clase, así como los documentos mencionados en el artículo 156 de esta Ley.

Libro IV. Del ámbito de aplicación de la Ley

Artículo 160. Autores

1. Se protegerán, con arreglo a esta Ley, los derechos de propiedad intelectual de los autores españoles, así como de los autores nacionales de otros Estados miembros de la Unión Europea.

Gozarán, asimismo, de estos derechos:
a) Los nacionales de terceros países con residencia habitual en España.
b) Los nacionales de terceros países que no tengan su residencia habitual en España, respecto de sus obras publicadas por primera vez en territorio español o dentro de los treinta días siguientes a que lo hayan sido en otro país. No obstante, el Gobierno podrá restringir el alcance de este principio en el caso de extranjeros que sean nacionales de Estados que no protejan suficientemente las obras de autores españoles en supuestos análogos.
Todos los autores de obras audiovisuales, cualquiera que sea su nacionalidad, tienen derecho a percibir una remuneración proporcional por la proyección de sus obras en los términos del artículo 90, apartados 3 y 4. No obstante, cuando se trate de nacionales de Estados que no garanticen un derecho equivalente a los autores españoles, el Gobierno podrá determinar que las cantidades satisfechas por los exhibidores a las entidades de

gestión por este concepto sean destinadas a los fines de interés cultural que se establezcan reglamentariamente.

En todo caso, los nacionales de terceros países gozarán de la protección que les corresponda en virtud de los Convenios y Tratados internacionales en los que España sea parte y, en su defecto, estarán equiparados a los autores españoles cuando éstos, a su vez, lo estén a los nacionales en el país respectivo.

Para las obras cuyo país de origen sea con arreglo al Convenio de Berna un país tercero y cuyo autor no sea nacional de un Estado miembro de la Unión Europea, el plazo de protección será el mismo que el otorgado en el país de origen de la obra sin que en ningún caso pueda exceder del previsto en esta Ley para las obras de los autores.

Se reconoce el derecho moral del autor, cualquiera que sea su nacionalidad.

Artículo 161. Artistas intérpretes o ejecutantes

1. Se protegerán los derechos reconocidos en esta Ley a los artistas intérpretes o ejecutantes españoles cualquiera que sea el lugar de su interpretación o ejecución, así como los correspondientes a los artistas intérpretes o ejecutantes nacionales de otros Estados miembros de la Unión Europea.

2. Los artistas intérpretes o ejecutantes nacionales de terceros países gozarán de los mismos derechos reconocidos en esta Ley en cualquiera de los siguientes casos:

a) Cuando tengan su residencia habitual en España.

b) Cuando la interpretación o ejecución se efectúe en territorio español.

c) Cuando la interpretación o ejecución sea grabada en un fonograma o en un soporte audiovisual protegidos conforme a lo dispuesto en esta Ley.

d) Cuando la interpretación o ejecución, aunque no haya sido grabada, se incorpore a una emisión de radiodifusión protegida conforme a lo dispuesto en esta Ley.

3. En todo caso, los artistas intérpretes o ejecutantes nacionales de terceros países gozarán de la protección que corresponda en virtud de los Convenios y Tratados internacionales en los que España sea parte y, en su defecto, estarán equiparados a los artistas

intérpretes o ejecutantes españoles cuando éstos, a su vez, lo estén a los nacionales en el país respectivo.

4. Los plazos de protección previstos en el artículo 112 de esta Ley serán igualmente aplicables a los mencionados titulares que no sean nacionales de la Unión Europea siempre que tengan garantizada su protección en España mediante algún Convenio internacional. No obstante, sin perjuicio de las obligaciones internacionales que correspondan, el plazo de protección expirará en la fecha prevista en el país del que sea nacional el titular sin que, en ningún caso, la duración pueda exceder de la establecida en el artículo anteriormente mencionado.

Artículo 162. Productores, realizadores de meras fotografías y editores

1. Los productores de fonogramas y los de obras o grabaciones audiovisuales, los realizadores de meras fotografías y los editores de las obras mencionadas en el artículo 129 serán protegidos con arreglo a esta Ley en los siguientes casos:

a) Cuando sean ciudadanos españoles

o empresas domiciliadas en España, así como cuando sean ciudadanos de otro Estado miembro de la Unión Europea o empresas domiciliadas en otro Estado miembro de la Unión Europea.

b) Cuando sean nacionales de terceros países y publiquen en España por primera vez o, dentro de los treinta días siguientes a que lo hayan sido en otro país las obras mencionadas. No obstante, el Gobierno podrá restringir el alcance de este principio, en el caso de nacionales de Estados que no protejan suficientemente las obras o publicaciones de españoles en supuestos análogos.

En todo caso, los titulares a que se refiere el párrafo b) del apartado anterior gozarán de la protección que les corresponde en virtud de los Convenios y Tratados internacionales en los que España sea parte y, en su defecto, estarán equiparados a los productores de fonogramas y a los de obras o grabaciones audiovisuales, a los realizadores de meras fotografías y a los editores de las obras mencionadas en el artículo 129, cuando éstos, a su vez, lo estén a los nacionales en el país respectivo.

Los plazos de protección previstos en los artículos 119 y 125 de esta Ley serán igualmente aplicables a los mencionados titulares que no sean nacionales de la Unión Europea siempre que tengan garantizada su protección en España mediante algún Convenio internacional. No obstante, sin perjuicio de las obligaciones internacionales que correspondan, el plazo de protección expirará en la fecha prevista en el país del que sea nacional el titular sin que, en ningún caso, la duración pueda exceder de la establecida en los artículos anteriormente mencionados.

Artículo 163. Entidades de radiodifusión

Las entidades de radiodifusión domiciliadas en España, o en otro Estado miembro de la Unión Europea, disfrutarán respecto de sus emisiones y transmisiones de la protección establecida en esta Ley.

En todo caso, las entidades de radiodifusión domiciliadas en terceros países gozarán de la protección que les corresponda en virtud de los Convenios y Tratados internacionales en los que España sea parte.

Los plazos de protección previstos en el artículo 127 de esta Ley serán igualmente aplicables a los mencionados titulares que no sean nacionales de la Unión Europea siempre que tengan garantizada su protección en España mediante algún Convenio internacional. No obstante, sin perjuicio de las obligaciones internacionales que correspondan, el plazo de protección expirará en la fecha prevista en el país del que sea nacional el titular sin que, en ningún caso, la duración pueda exceder de la establecida en el artículo anteriormente mencionado.

Artículo 164. Beneficiarios de la protección del derecho «sui generis»

El derecho contemplado en el artículo 133 se aplicará a las bases de datos cuyos fabricantes o derechohabientes sean nacionales de un Estado miembro o tengan su residencia habitual en el territorio de la Unión Europea.

El apartado 1 del presente artículo se aplicará también a las sociedades y empresas constituidas con arreglo a la legislación de un Estado miembro y que tengan su sede oficial, administración central o centro principal de actividades en la Unión Europea; no obstante, si la sociedad o empresa tiene en el mencionado territorio únicamente su domicilio social, sus operaciones deberán estar vinculadas de forma efectiva y continua con la economía de un Estado miembro.

Disposición adicional primera. Depósito legal.

El depósito legal de las obras de creación tradicionalmente reconocido en España se regirá por las normas reglamentarias vigentes o que se dicten en el futuro por el Gobierno, sin perjuicio de las facultades que, en su caso, correspondan a las Comunidades Autónomas.

Disposición adicional segunda. Revisión del porcentaje y cuantía del artículo 24.2.

La revisión del porcentaje y de la cuantía a que se refiere el artículo 24.2. de esta Ley, se realizará en la Ley de Presupuestos Generales del Estado.

Disposición adicional tercera. Revisión de las cantidades del artículo 25.5.

Se faculta a los Ministros de Cultura, de Industria y Energía y de Comercio y Turismo para adecuar, cada dos años, las cantidades establecidas en el artículo 25.5 de esta Ley a la realidad del mercado, a la evolución tecnológica y al índice oficial de precios al consumo.

Disposición adicional cuarta. Periodicidad de la remuneración del artículo 90.3 y deslegalización.

La puesta a disposición de los autores de las cantidades recaudadas en concepto de remuneración proporcional a los ingresos, que se establece en el artículo

90.3. se efectuará semanalmente.

El Gobierno, a propuesto del Ministerio de Cultura, podrá modificar dicho plazo.

Disposición transitoria primera. Derechos adquiridos.

Las modificaciones introducidas por esta Ley, que perjudiquen derechos adquiridos según la legislación anterior, no tendrán efecto retroactivo, salvo lo que se establece en las disposiciones siguientes.

Disposición transitoria segunda. Derechos de personas jurídicas protegidas por la Ley de 10 de enero de 1879 sobre Propiedad Intelectual.

Las personas jurídicas que en virtud de la Ley de 10 de enero de 1879 sobre Propiedad Intelectual hayan adquirido a título originario la propiedad intelectual de una obra, ejercerán los derechos de explotación por el plazo de ochenta años desde su publicación.

Disposición transitoria tercera. Actos y contratos celebrados según la Ley de 10 de enero de 1879 sobre Propiedad Intelectual.

Los actos y contratos celebrados bajo el régimen de la Ley de 10 de enero de 1879 sobre Propiedad Intelectual surtirán todos sus efectos de conformidad con la misma, pero serán nulas las cláusulas de aquéllos por las que se acuerde la cesión de derechos de explotación respecto del conjunto de las obras que el autor pudiere crear en el futuro, así como por las que el autor se comprometa a no crear alguna obra en el futuro.

Disposición transitoria cuarta. Autores fallecidos antes del 7 de diciembre de 1987.

Los derechos de explotación de las obras creadas por autores fallecidos antes del 7 de diciembre de 1987 tendrán la duración prevista en la Ley de 10 de enero de 1879 sobre Propiedad Intelectual.

Disposición transitoria quinta. Aplicación de los artículos 38 y 39 de la Ley de 10 de enero de 1879 sobre Propiedad Intelectual.

Sin perjuicio de lo previsto en la disposición anterior a los autores cuyas obras estuvieren en dominio público, provisional o definitivamente, de acuerdo con lo dispuesto en los artículos 38 y 39 de la Ley de 10 de enero de 1879 sobre Propiedad Intelectual les será de aplicación lo dispuesto en la presente Ley, sin perjuicio de los derechos adquiridos por otras personas al amparo de la legislación anterior.

Disposición transitoria sexta. Aplicabilidad de los artículos 14 a 16 para autores de obras anteriores a la Ley de 11 de noviembre de 1987, de Propiedad Intelectual.

Lo dispuesto en los artículos 14 a 16 de esta Ley será de aplicación a los autores de las obras creadas antes de la entrada en vigor de la Ley 22/1987, de 11 de noviembre, de Propiedad Intelectual.

Disposición transitoria séptima. Reglamento de 3 de septiembre de 1880 para la ejecución de la Ley de 10 de enero de 1879 sobre Propiedad Intelectual.

El Reglamento de 3 de septiembre de 1880 para la ejecución de la Ley de 10 de enero de 1879 sobre Propiedad Intelectual y demás normas reglamentarias en materia de propiedad intelectual continuará en vigor, siempre que no se oponga a lo establecido en la presente Ley.

Disposición transitoria octava. Regulación de situaciones especiales en cuanto a programas de ordenador.

Las disposiciones de la presente Ley serán aplicables a los programas de ordenador creados con anterioridad al 25 de diciembre de 1993, sin perjuicio de los actos ya realizados y de los derechos ya adquiridos antes de tal fecha.

Disposición transitoria novena. Aplicación de la remuneración equitativa por alquiler a los contratos celebrados antes del 1 de julio de 1994.

Respecto de los contratos celebrados antes del 1 de julio de 1994, el derecho a una remuneración equitativa por alquiler, solo se aplicará si los autores o los artistas intérpretes o ejecutantes o los representantes de los mismos han cursado una solicitud a tal fin, de acuerdo con lo previsto en la presente Ley, con anterioridad al 1 de enero de 1997.

Disposición transitoria décima. Derechos adquiridos en relación con determinados derechos de explotación.

Lo dispuesto en la presente Ley acerca de los derechos de distribución, fijación, reproducción y comunicación al público se entenderá sin perjuicio de los actos de explotación realizados y contratos celebrados antes del 1 de enero de 1995, así como sin perjuicio de lo establecido en el párrafo c) del artículo 99.

Disposición transitoria undécima. Regulación de situaciones especiales en relación con la aplicación temporal de las disposiciones relativas a la comunicación al público vía satélite.

1. En los contratos de coproducción internacional celebrados antes del 1 de enero de 1995 entre un coproductor de un Estado miembro y uno o varios coproductores de otros Estados miembros o de países terceros, el coproductor, o su cesionario, que desee otorgar autorización de comunicación al público vía satélite deberá obtener el consentimiento previo del titular del derecho de exclusividad, con independencia de que este

último sea un coproductor o un cesionario, si se dan conjuntamente las siguientes circunstancias:

a) Que el contrato establezca expresamente un sistema de división de los derechos de explotación entre los coproductores por zonas geográficas para todos los medios de difusión al público sin establecer distinción entre el régimen aplicable a la comunicación vía satélite y a los demás medios de comunicación.

b) Que la comunicación al público vía satélite de la coproducción implique un perjuicio para la exclusividad, en particular para la exclusividad lingÿística, de uno de los coproductores o de sus cesionarios en un territorio determinado.

2. La aplicación de lo previsto en los artículos 106 a 108, 115 y 116, 122 y 126 de esta Ley se entenderá sin perjuicio de los pactos de explotación realizados y contratos celebrados antes del 14 de octubre de 1995.

3. Las disposiciones relativas a la comunicación al público vía satélite serán de aplicación a todos los fonogramas, actuaciones, emisiones y primeras fijaciones de grabaciones audiovisuales que el 1 de julio de 1994 estuviesen aún protegidas por la legislación de los Estados miembros sobre derechos de propiedad intelectual o que en dicha fecha cumplan los criterios necesarios para la protección en virtud de las referidas disposiciones.

Disposición transitoria duodécima. Aplicación temporal de las disposiciones relativas a radiodifusión vía satélite.

Los derechos a que se refieren los artículos 106 a 108, 115 y 116, 122 y 126 de esta Ley se regirán, en lo que resulte aplicable, por la disposición transitoria décima y por la disposición transitoria novena.

A los contratos de explotación vigentes el 1 de enero de 1995 les será plenamente aplicable lo establecido en esta Ley en relación con el derecho de comunicación al público vía satélite a partir del 1 de enero del 2000.

Las disposiciones a las que se refiere el apartado 3 de la disposición transitoria undécima no serán de aplicación a los contratos vigentes el 14 de octubre de 1995 cuya extinción vaya a producirse antes del 1 de enero del año 2000. En dicha fecha las partes podrán renegociar las condiciones del contrato con arreglo a lo dispuesto en tales disposiciones.

Disposición transitoria decimotercera. Regulación de situaciones especiales en cuanto al plazo de protección.

1. La presente Ley no afectará a ningún acto de explotación realizado antes del 1 de julio de 1995. Los derechos de propiedad intelectual que se establezcan en aplicación de esta Ley no generarán pagos por parte de quienes hubiesen emprendido de buena fe la explotación de las obras y prestaciones correspondientes en el momento en que dichas obras eran de domino público.

2. Los plazos de protección contemplados en esta Ley se aplicarán a todas las obras y prestaciones que están protegidas en España o al menos en un Estado miembro de la Unión Europea el 1 de julio de 1995 en virtud de las correspondientes disposiciones nacionales en materia de derechos de propiedad intelectual, o que cumplan los criterios para acogerse a la protección de conformidad con las disposiciones que regulan en esta Ley el derecho de distribución, en cuanto se refiere a obras y prestaciones, así como los derechos de fijación, reproducción y comunicación al público, en cuanto se refieren a prestaciones.

Disposición transitoria decimocuarta. Aplicación de las transitorias del Código Civil.

En lo no previsto en las presentes disposiciones serán de aplicación las transitorias del Código Civil.

Disposición transitoria decimoquinta. Aplicación de la protección prevista en el Libro I, a las bases de datos finalizadas antes del 1 de enero de 1998.

La protección prevista en la presente Ley, en lo que concierne al derecho de autor, se aplicará también a las bases de datos finalizadas antes del 1 de enero de 1998, siempre que cumplan en la mencionada fecha los requisitos exigidos por esta Ley, respecto de la protección de bases de datos por el derecho de autor.

Disposición transitoria decimosexta. Aplicación de la protección prevista en el Libro II, en lo relativo al derecho «sui generis» a las bases de datos finalizadas dentro de los quince años anteriores al 1 de enero de 1998.

1. La protección prevista en el artículo 133 de la presente Ley, en lo que con-cierne al derecho «sui generis», se aplicará igualmente a las bases de datos cuya fabricación se haya terminado durante los quince años pre-

cedentes al 1 de enero de 1998 siempre que cumplan en dicha fecha los requisitos exigidos en el artículo 133 de la presente Ley.

2. El plazo de los quince años de protección sobre las bases de datos a las que se refiere el apartado anterior se contará a partir del 1 de enero de 1998.

Disposición transitoria decimoséptima. Actos concluidos y derechos adquiridos antes del 1 de enero de 1998 en relación con la protección de las bases de datos.

La protección prevista en las disposiciones transitorias decimoquinta y decimosexta se entenderá sin perjuicio de los actos concluidos y de los derechos adquiridos antes del 1 de enero de 1998.

Disposición transitoria decimoctava. Aplicación a las bases de datos finalizadas entre el 1 de enero y el 1 de abril de 1998 de la protección prevista en el Libro I y en el Libro II, respecto al derecho «sui generis».

La protección prevista en la presente Ley en lo que concierne al derecho de autor, así como la establecida en el artículo 133 de la misma, respecto al derecho «sui generis» se aplicará asimismo a las bases de datos finalizadas durante el período comprendido entre el 1 de enero y el 1 de abril de 1998.

Disposición derogatoria única. Alcance de la derogación normativa.

1. Quedan derogadas las disposiciones que se opongan a lo establecido en la presente Ley y, en particular, las siguientes:

a) Real Decreto de 3 de septiembre de 1880, por el que se aprueba el Reglamento para la ejecución de la Ley de 10 de enero de 1879 sobre Propiedad Intelectual: capítulos V y VI del Título I.

b) Real Decreto 1434/1992, de 27 de noviembre, de desarrollo de los artículos 24, 25 y 140 de la Ley 22/1987, de 11 de noviembre, de Propiedad Intelectual: artículos 9.1, 11, 12, 14, 16, 17, 18, 19 y 37.1, así como los capítulos II y III del Título II.

2. Quedan vigentes las siguientes disposiciones:[2]

---

2   La Sentencia del Tribunal Supremo de 1 de marzo de 2001, declara la subsistencia del derecho exclusivo de los productores de fonogramas a autorizar la comunicación pública de éstos y de sus copias, reconocido en el artículo 109, apartado 1, de la Ley 22/1987, de 11 de noviembre, de Propiedad Intelectual, al considerar que el Gobierno se excedió en la Delegación que le había otorgado la Disposición final Segunda de la

a) Ley 9/1975, de 12 de marzo, del Libro, en lo no derogado por la Ley 22/1987, de 11 de noviembre, de Propiedad Intelectual, y por el Real Decreto 875/1986, de 21 de marzo.

b) Real Decreto de 3 de septiembre de 1880, por el que se aprueba el Reglamento para la ejecución de la Ley de 10 de enero de 1879 sobre Propiedad Intelectual: capítulos I, II, III, IV, VII, VIII, IX, X y disposición transitoria del Título I; capítulos I, II y III del Título II.

c) Decreto 3837/1970, de 31 de diciembre, por el que se regula la hipoteca mobiliaria de películas cinematográficas.

d) Decreto 2984/1972, de 2 de noviembre, por el que se establece la obligación de consignar en toda clase de libros y folletos el número ISBN.

e) Real Decreto 2332/1983, de 1 de septiembre, por el que se regula la venta, distribución y la exhibición pública de material audiovisual.

f) Real Decreto 448/1988, de 22 de abril, por el que se regula la difusión de películas cinematográficas y otras obras audiovisuales recogidas en soporte videográfico.

g) Real Decreto 479/1989, de 5 de mayo, por el que se regula la composición y el procedimiento de actuación de la Comisión Arbitral de la Propiedad Intelectual, en lo no modificado por el Real Decreto 1248/1995, de 14 de julio.

h) Real Decreto 484/1990, de 30 de marzo, sobre precio de venta al público de libros.

i) Real Decreto 1584/1991, de 18 de octubre, por el que se aprueba el Reglamento del Registro General de la Propiedad Intelectual, en lo declarado vigente en el apartado 3 de la disposición transitoria única del Real Decreto 733/1993, de 14 de mayo.

j) Real Decreto 1434/1992, de 27 de noviembre, de desarrollo de los artículos 24, 25 y 140 de la Ley 22/1987, de 11 de noviembre, de Propiedad Intelectual, en la versión dada a los mismos por la Ley 20/1992, de 7 de julio, en lo no modificado por el Real Decreto 325/1994, de 25 de febrero, y en lo no derogado por la presente disposición derogatoria.

Ley 27/1995, de 11 de octubre, al aprobar el Texto Refundido de la Ley de Propiedad Intelectual.

k) Real Decreto 733/1993, de 14 de mayo, por el que se aprueba el Reglamento del Registro General de la Propiedad Intelectual.

l) Real Decreto 325/1994, de 25 de febrero, por el que se modifica el artículo

15.2 del Real Decreto 1434/1992, de 27 de noviembre, de desarrollo de los artículos 24, 25 y 140 de la Ley 22/1987, de 11 de noviembre, de Propiedad Intelectual, en la versión dada a los mismos por la Ley 20/1992, de 7 de julio.

m) Real Decreto 1694/1994, de 22 de julio, de adecuación a la Ley 30/1992, de Régimen Jurídico de las Administraciones Públicas y del Procedimiento Administrativo Común, del Real Decreto 1584/1991, de 18 de octubre, por el que se aprueba el Reglamento del Registro General de la Propiedad Intelectual.

n) Real Decreto 1778/1994, de 5 de agosto, por el que se adecuan a la Ley 30/1992, de 26 de noviembre, de Régimen Jurídico de las Administraciones Públicas y del Procedimiento Administrativo Común, las normas reguladoras de los procedimientos de otorgamiento, modificación y extinción de autorizaciones.

ñ) Real Decreto 1248/1995, de 14 de julio, por el que se modifica parcialmente el Real Decreto 479/1989, de 5 de mayo, regulador de la composición y el procedimiento de actuación de la Comisión Arbitral de la Propiedad Intelectual.

o) Real Decreto 1802/1995, de 3 de noviembre, por el que se establece el sistema para la determinación de la remuneración compensatoria por copia privada en las ciudades de Ceuta y Melilla.

p) Orden de 23 de junio de 1996 por la que se establecen las normas básicas a las que deben ajustarse los contratos publicitarios del medio cine.

q) Orden de 30 de octubre de 1971 por la que se aprueba el Reglamento del Instituto Bibliográfico Hispánico.

r) Orden de 25 de marzo de 1987 por la que se regula la Agencia Española del ISBN.

s) Orden de 3 de abril de 1991, de desarrollo de lo dispuesto en el Real Decreto 2332/1983, de 1 de septiembre, por el que se regula la venta, distribución y la exhibición pública de material audiovisual.

Disposición final única. Desarrollo reglamentario.

Se autoriza al Gobierno a dictar las normas para el desarrollo reglamentario de la presente Ley.

• • •